U0586831

足球训练理论与教学实践

钱 江 ◎ 著

吉林出版集团股份有限公司

图书在版编目（CIP）数据

足球训练理论与教学实践 ／ 钱江著. — 长春 ： 吉林出版集团股份有限公司，2021.11

ISBN 978-7-5731-0638-4

Ⅰ．①足… Ⅱ．①钱… Ⅲ. ①足球运动－运动训练－教学研究 Ⅳ．①G843.2

中国版本图书馆 CIP 数据核字 (2021) 第 234829 号

足球训练理论与教学实践

著　　者	钱　江
责任编辑	郭亚维
封面设计	林　吉
开　　本	787mm×1092mm　　1/16
字　　数	220 千
印　　张	10
版　　次	2021 年 12 月第 1 版
印　　次	2021 年 12 月第 1 次印刷
出版发行	吉林出版集团股份有限公司
电　　话	总编办：010-63109269
	发行部：010-63109269
印　　刷	北京宝莲鸿图科技有限公司

ISBN 978-7-5731-0638-4　　　　　　　　　　　　定价：58.00 元

前　言

随着我国经济的不断发展，国民的生活水平不断提升，文化知识不断创新发展，健康意识、医疗意识、体育意识不断提升。一方面，在"全民健身"的热潮下，国民的体育活动已经成为生活内容的一部分，生活与体育紧密联系在一起；另一方面，我国经济水平的不断发展，人们越来越重视自己的身体健康，为体育项目的发展打下良好的基础。在学校的积极推进下，高校体育课程在所有课程中的分量不断增加。足球运动是世界第一大运动，也是高校体育专业开展的重点课程，对足球训练教学中存在的问题进行研究，能够帮助我国高校提升体育教学的质量和水平，具有一定的现实意义。

高校在足球教学开展的过程中存在以下问题：第一，高校缺乏教学理念指导，不能在学生成长过程中给予有效的帮助，导致高校足球训练教学的效果较差；第二，在学生的发展过程中缺少明确的训练计划和训练要求，而高校学生的主观能动性未能充分调动，从而高校足球教学活动开展得不到学生的支持；第三，学生对自我成长标准的定位不够明确，对未来的发展不能形成准确的规划，而教师的指导作用未能完全体现，导致学生对自身的未来发展充满迷茫；第四，学生在学习的过程中缺失学习氛围，不能对体育训练活动产生准确的理解，并无法认可高校的体育教学活动的开展，继而对高校的校园文化、教学手段、教育内容和教育理念不认可。

由于高校足球运动气氛明显不足，学生在参与足球运动时不能感受到体育项目带来的快乐，导致高校学生的体育参与积极性不高。同时，高校校园文化的创新能力不足、激励措施缺乏、文化保护机制不成熟，无法激发学生的文化体验热情，也无法吸引学生参与到文化创新的实践活动当中，致使高校足球训练的学习氛围较差。在高校足球项目教学课程开展的同时，高校要重视进行校园文化创新，以校园文化促进学生思想的发展，带动学生主动参与到校园足球训练过程中。首先，高校要进行文化资源的整合，对互联网中的优势教学资源进行整合，形成宣传片。其次，要重视宣传手段的选择，通常，高校可以利用互联网教学平台进行文化宣传。最后，要建立学校媒体，鼓励学生对足球赛事、活动及课程内容进行宣传，吸引学生参与到足球比赛当中。

足球训练的方式、内容、工具和理念的创新，是高校足球教学发展的一大趋势，也需要长时间的实践。在高校训练方式创新的过程中，教师要积极转变教学观念，制订科学、系统的训练计划，创新教学方法，丰富教学内容，营造良好的学习环境，培养学生的学习积极性，继而提升教学效果。教师需要不断提升自身的教学素质，善于发现教学过程中出现的问题，积极寻找问题的解决方法。同时，针对学生的发展和成长需要，寻找促进学生成长和发展的科学训练方法，结合足球运动的特点和要求制订具体的训练计划，促进高校足球训练教学向规范化、科学化和现代化方向发展。

编　者

2021 年 3 月

目　录

第一章　高校足球训练的理论研究

第一节　高校足球训练存在的问题

一、足球教学现状分析

（一）教学理念存在误区

传统教学模式是应试教育，学生在学校学习的最终目的是考个好成绩，完全忽略了学生其他方面能力的培养。学校领导乃至教学老师，他们都觉得体育课的设立没什么必要性，有些学校即使有体育课，但是上课时教学方式受应试教育理念的影响，遇到考试需要复习的时候，很多教师会选择将体育课用来上其他科目的课程，学生也只好听从老师的安排，减少体育课的次数。从长期的教学情况来看，这显然是不利于学生足球课程的学习，影响他们的身体健康。

（二）体育基础设施不健全

由于经济水平不同，各地区的发展状况也是各不相同的。尤其是城乡差异化，在学校的教育基础设施方面日益突显。在城市中，学生都享受着比较优越的教学环境，但乡村的教学环境明显落后。体育课开展足球教学的效率也受到了设施的影响，在足球课程开展过程中，因为没有正式的足球运动场，学生只能在水泥地和坑洼不平的路面上踢足球，这样容易使学生受伤，很多学生家长考虑到孩子的健康问题，也不支持学生踢足球。同时在农村学校中足球的数量也是有限的，常常会出现多班教学、足球供不应求的现象，这不利于足球教学的顺利进行。缺乏足球教学的正规场所以及足球数量的不足，长时间这样也打击了学生对足球的积极性。学校的足球教学存在滞后性。

（三）缺乏专业的足球教师

在其他应试科目上，学校都会安排专业老师上课，但是在选择体育老师任课时，他们的专业性是存在漏洞的。就体育教师的实际情况来看，他们处于一种替补式地位，常常跨越多个科目，没有专业系统的学习安排。缺乏专业的体育老师进行足球教学，这样不仅影响教学质量，而且也使整个足球教学过程变得枯燥乏味，最终也会使学生对足球的兴趣降低。

二、足球训练游戏在高校足球教学当中的要领

高校足球教学中，足球可以分成关于热身阶段的足球训练游戏、提高足球运动技能技巧的训练游戏，以及促进足球战略战术谋划能力的游戏三部分。下面笔者将详细叙述这三部分足球训练游戏的实施办法。

（一）关于热身阶段时的足球训练游戏

为了提高学生身体的灵敏性以及柔韧性，避免学生在运动当中出现身体损伤，需要进行热身运动，使学生身体的温度升高，加快身体中血液流动的速度，放松身体肌肉，进而达到减小运动造成的损伤以及运动之后带来的肌肉酸痛感。在传统的高校足球教学当中，大多采用学生集体广播操、集体慢跑等方式。笔者建议在热身阶段尽可能多地采用足球训练游戏，比如，可以进行运动接球和颠球比赛等足球游戏趣味项目。学生通过以上热身时的足球游戏训练，不但能够达到加速身体内血液流动的速度、放松肌肉的目的，而且可以让学生提前进入足球教学中，为接下来的足球技巧技能训练以及战术能力的训练打下坚实的基础。

（二）提高足球技能与技巧的训练游戏

传球、接球、运球、头顶球、射门和掩护球等技能技巧都是高校足球教学大纲当中要求学生掌握的。传统足球教学模式当中，体育老师大都会采用先给学生讲解，后让学生自主练习以及老师在一旁进行辅导的方式向学生传授足球技能与技巧。这种传统教学模式所得到的效果会事倍功半，笔者建议高校体育老师合理地安排足球技能技巧的教学。从简单到复杂，逐步提高足球技能技巧的训练力度和难度，可安排学生在一个压力相对较小的环境进行训练，再通过限时、增加盯防人数以及规定空间内让学生及时摆脱对方的实战训练方法，在游戏中教授接球、传球、抢点射门等技能。此方法能够寓教于乐，让学生在提升自己足球技能的同时还能够享受游戏带来的乐趣，从而缓解运动带来的疲惫感。

（三）促进战略战术谋划能力的游戏

足球由于其本身是一项团队成员协作才能完成的体育运动项目，因此成员之间的战略战术谋划能力也是极其重要的。在一项足球运动中，每个成员都需要在运动中考虑自己的最佳位置、最佳传球路径、最佳的射门时机以及面临队友传球给自己的时候自己应该如何站位等。在传统高校足球教学当中，体育老师多半采用沙盘演练的方式以及多媒体教学配合老师对战略战术进行讲解，这种方法由于脱离实践，会导致学生难以掌握其要领。笔者建议在足球教学当中尽可能选用足球游戏项目，比如，二过一传球、攻堡垒等。尽可能多地采用足球游戏项目，不仅能够让学生在实战中提高自己对各种战术的了解、领略其战略战术的真正内涵，还能够提高学生的团队合作精神，明白战术的有效利用离不开团队的共同作用。

目前，我国正在开展校园足球活动，在全新的校园足球环境下，高校需重新审视与思考高校足球教学模式，接受全新的挑战，从基本的教学改革入手，更新教学理念，改革教学方法。教学方法的改进要在保留原有传统教学方法优点的基础上，广泛应用现代更为科学的教学方法，充分发挥新办法在提高足球水平方面的作用。目前，要切实提高我国高校足球教学质量还有很长的路要走。

第二节　高校足球训练的理念

众所周知，科学、合理、实用的足球运动训练理念对提高高校足球教学水平有着十分重要的作用，足球训练理念也是学校把握足球训练方向的重要依据。只有在正确的训练理念指导下，结合正确的训练方法，各大高校的足球训练水平才能得到真正提高。本文通过文献法、资料法、数据统计法、逻辑分析法以及专家访谈等研究方法，对国内外各大高校的足球训练理念及方法进行了调查和研究，发现了其中的先进之处，也对我国各大高校的足球训练现状中存在的不足进行了分析。希望本文的研究成果可以给相关的足球教学改革工作提供借鉴和参考。

一、足球运动训练理念的重要性简述

一般而言，足球运动训练理念的设定及执行关系到两方面，即学校的足球教学方面和教练的指导理念方面。以下简要介绍高校足球运动训练理念的设定原则及重要性。

首先，学校的体育教学应该秉承"以人为本"的原则，不能急功近利，不能过分看重比赛成绩及结果。学校的足球训练理念应该以使学生强健体魄，促进学生身心全面发展，帮助学生实现足球运动理想，提高学生学习兴趣，使学生充分享受学习，参与足球运动训练的乐趣为主。

其次，各大高校要遵循我国规定的体育教学原则，正确确立足球运动在高校教学中的地位。上至学校领导，下至每个体育老师都要重视足球教学、足球训练的安排和进行，注重足球场地等体育设施的建设。全体师生在教、学足球方面要时刻保持观念上的更新，互相支持、鼓励，共同置身于学校的足球训练。此外，各大高校可以根据自身的足球教学、训练实际情况，定期组织足球比赛、足球交流会以及专门的足球训练机构等。毕竟，学校方面提供更加便利的足球训练条件，学生才能充满热情地参与到足球训练中，足球运动也才能在普通学生中普及，学校的足球教学水平才能得到实质上的提高。

最后，体育老师对足球训练的指导、教学理念也十分重要。一方面，足球教练员要切实做到履行带领学生训练的责任，及时给予学生必要的足球技法、技能等辅导，积极组织学生进行专业的足球比赛及训练，起到示范与引领作用；另一方面，教练员要根据学生的个体差异，结合学生的足球长处，针对每个学生制定各自合适的训练方法、训练强度、训练方向和训练技能等。值得一提的是，教练的指导要与学生的训练进度保持一致，这样才能切实做到"查漏补缺"，才能及时发现学生的不足并迅速解决，这样才能避免错误"积累"，在这样一步一步地解决问题、改正问题、巩固训练中学生的足球技能才能尽快得到质的飞升。

二、我国高校足球训练理念现状及改革研究

如前所述，足球训练理念是一种对现代足球发展趋势、训练技术、比赛经验、比赛技巧等方面的提取、筛选、总结和研究，这种理论具有一定的方向性、原则性和高度概括性。足球教学、训练理念的形成要经过认识、观察、思考、感悟、完善、解决、实践等过程，在实际的足球训练中也要遵循这些原则和条例，这也是用足球理念指导足球训练的过程。

实践证明，我国的足球训练理念与外国各发达国家相比还存在一定差距，由于历史等原因，我国的足球训练理念仍然拘泥于陈旧的训练提高中，这在一定程度上制约了我国现代足球的长足进步。调查发现，当前我国各大高校的足球训练理念中存在以下几点不足。

（1）足球训练理论研究滞后，教学模式落后，教学形式呆板。

（2）教练员自身学识水平制约其对正确足球训练理念的解读和认知，进而影响到教练员对足球训练理念的传达，导致了足球训练的落后。总之，教练员总体表现出对足球哲学运用的主观能动性的缺乏。

（3）我国各大高校的足球训练普遍存在重视体能训练而忽视理论学习的现象。这种情况是不遵循教学理念或者是教学理念不完善的结果。实践证明，科学的理论知识可以避免足球训练少走弯路，能够节省运动员的体能，能够合理安排学生训练，而学校不重视足球理论的学习，不遵循科学的教学理念只会增加足球训练的激烈性，久而久之，使学生疲于训练，产生对足球的厌烦感。

为了改正当前我国各大高校足球训练中训练理念的缺点，本文简要地提出了以下几点改革措施。

（1）明确足球运动训练理念的构建要点，即重视学生的人文素质培养、遵循体育运动的训练特点及规律、训练理念的构建要以体育项目的科学发展观为基础。

（2）高校足球训练理念的构建方法要科学，即借鉴国外先进足球训练国家的经验，结合我国的足球教学实际，采用科学的足球训练方法，把握世界足球运动的变化动态，加强与不同学校、不同地区、不同国家的足球比赛、技能切磋等，丰富教练员、学生的足球运动的全面感知，培养学生的足球学习创新性等。

（3）学校及教育相关部门举办足球运动训练技能、方法以及训练理念的探讨、交流会，丰富师生足球知识结构，培养师生对足球教学、训练理念的前瞻性等。

三、我国高校足球训练方法实施现状及探究

当前我国高校足球训练方法中存在的问题主要有以下几方面。

（1）足球教学、训练理论滞后，训练方法拘泥传统，不能科学地将足球体能训练与足球技能训练结合起来。

（2）足球训练方法单一，不能培养足球运动员足够的临场应变能力，团队成员之间的技术、战术配合也稍显分离，这就违背了足球团队作战的原则，不利于培养和提高学生的互相帮助和团队合作精神和能力。

（3）忽视学生的心理素质训练，许多学校认为足球就是一项以竞争为主的激烈性体育运动，其实不然，足球运动也是一项涉及体育学、物理学、生物学、运动生理学、心理学、数学等多种学科知识的项目，需要全方面地培养、引导、训练学生的技能，这样才能使学生在比赛中保持最佳状态，进而取得优良成绩。这样的训练方法才是科学、合理、实用、可持续的训练方法。

总之，正确的足球训练方法有利于培养学生科学的训练习惯及运球、传球、射门等思维，有利于提高学生的足球运动技能。以下简要总结我国高校足球训练方法的改革措施。

（1）足球训练的针对性。足球训练的针对性体现在两方面：一是针对足球项目的各个环节进行专项训练；二是针对每个学生制订其适合的训练方案。只有将整个足球训练计划中的各个"短板"逐个解决，学校的足球训练水平以及足球团队的足球技能才能真正得到提高。

（2）将学生的心理素质训练与实际的足球技能训练相结合。科学的心理训练能够提高学生的自信心，引导学生正确面对比赛，在一定程度上可以减轻学生的心理负担，能够培养学生正确面对比赛的态度，有利于改善学生在足球训练和比赛中的心态等。诚然，将心理训练与足球训练相结合符合学校"促进学生身心全面发展"的教学理念，而且经实践证明，这种训练方法也是行之有效的足球训练方法。

（3）引进国外先进的足球教学方法，提高学生的主观能动性，使学生开动大脑，创新足球训练方法。毕竟，学生是足球训练的主要参与者，而且学生是足球教学方法改革的"受众"；发动大家的智慧，集思广益，一定程度上也保证了足球训练方法改革的科学性。

第三节　高校足球训练的安全因素

足球是我国高校体育运动中的一个项目，该项目对抗性强，长期参与还可以培养学生勇敢果断的意志品质，提高学生的身体素质，深受大学生的喜爱。但是，在进行足球训练的过程中，常常会发生学生踝关节扭伤、韧带拉伤、腕关节扭伤、摔倒等安全问题，这些

安全问题的存在会导致学生对于足球训练望而生畏，不利于足球活动的开展，更不利于高校足球事业的发展。因此，教师需要深入分析足球训练潜在的安全因素，并采取有效的措施规避安全事故的发生，从而在保证学生安全的前提下提高学生的身体素质。

学生通过足球运动能够提高身体素质，锻炼自己的灵活性和敏捷性，还能够让学生在相互合作的过程中提高自身的合作能力和交流能力。但是足球运动是一个具有强烈对抗性的运动，在运动的过程中，学生不可避免地会产生身体上的碰撞，部分学生由于技术不规范、自我保护能力不足、对规则缺乏认识、天气等因素，导致在运动训练的过程中容易使身体受到损伤。因此，教师需要针对足球运动中可能存在的安全隐患做好相应的防护，从而保障足球训练的顺利进行。

一、高校足球训练潜在的安全因素

（一）教师因素

1.训练活动不科学

在高校的足球训练中，教师是整个足球训练活动的引导者和主导者，教师自身对足球运动的认知、对学生足球水平的了解情况、自身的教学能力、专业素养直接影响到足球训练的开展效果。因此教师在开展足球训练的过程中，必须结合学生的实际情况进行教学，要采取合理、科学、新颖的教学方法，从而激发学生的积极性。除此之外，教师还必须在训练中注重学生的安全，指导学生掌握规范的技术动作要领，提高学生的自我保护意识，在设置训练强度时，要根据个体的不同设置不同的强度，从而避免学生身体受到损伤。

2.教师道德素养

教师在进行教育工作的过程中，需要以自身专业的素养以及高尚的道德情操给予学生潜移默化的影响，并通过足球运动的开展让学生能够提升道德素养，最终形成良好的习惯。因此在教学过程中，教师本人需要以身作则，但是部分教师道德素养较低，专业水平不足，所以会对学生的成长起到负面的影响，也造成了潜在的安全隐患。

（二）学生因素

当前很多学生的身体素质较差，日常生活中缺乏锻炼，也没有树立正确的运动锻炼意识，他们不愿意参与高强度的足球训练，在参与的过程中缺乏积极性，从而影响足球训练的开展。此外，很多学生缺乏自我保护意识和安全意识，对足球运动中可能存在的安全隐患缺乏正确的认知，导致他们在运动的过程中容易受到伤害。

（三）体育场地器材因素

体育训练需要依赖于场地、器材和设施，这是开展体育运动的基础，高校的足球训练也是如此，如果场地、器材无法得到有效的保证，就会导致足球训练的开展受到影响，很容易发生安全事故。目前大部分高校的足球场地是人造草坪，天然草坪较少，而且很多高校在建完足球草坪后没有对其进行不断维护和更新，对足球场地缺乏管理，导致足球场地长期负荷过大，从而存在较大的安全隐患。

（四）天气因素

足球运动是一种户外运动，学生在训练的过程中会受到外界天气以及气候差异的影响，从而发生安全事故。如在夏天时，天气过于炎热的情况下，学生进行剧烈的运动就会导致身体过于疲劳，从而引发脱水、中暑等情况，再加上环境温度高，人体为了散发热量就会出汗，从而导致大量的血液流向了人体表面，导致中枢神经疲劳，肌肉活动能力下降，还会导致学生出现缺氧和呼吸困难的情况。在冬天过于寒冷的情况下，学生身体的灵活性以及协调能力就会受到影响，从而发生摔倒的事件。在下雨的时候场地过于湿滑，学生在运动的过程中就会容易因脚底打滑而摔倒，出现踝关节受损等情况，而且运动后还可能会引发呼吸道疾病。大风天气则会导致战术走向受到影响，从而影响比赛进程，造成学生奔跑能力下降。因此可以说在高校的足球训练过程中，天气会直接影响到学生的生理和心理，会导致学生身体容易受到损伤。

（五）学生技术和自我保护因素

在高校的足球训练中，虽然有部分学生由于在初中、高中长期接受足球训练，掌握了足球运动的相关技能，但是仍然存在部分学生没有接受过专业的足球训练，他们缺乏扎实的足球运动基础，对于教师所指导的很多技术动作要领无法很好地掌握。在学生没有掌握足球运动的动作要领的前提下，学生在进行校内比赛、校外比赛的过程中，在与他人进行激烈的对抗和争抢中，可能由于技术不规范会导致身体受损伤，出现指关节挫伤、脚踝扭伤、膝关节损伤、腕关节扭伤等，这些大多都是由于学生踢球动作不规范，在比赛中出现技术动作变形所导致。此外很多学生缺乏自我保护意识，在比赛的过程中，由于过于重视比赛的输赢导致他们出现不合理冲撞、犯规动作等，这些都会导致他们容易受伤，影响到他们的学习和生活。

（六）准备活动因素

在足球训练开始前，教师会让学生进行准备活动，通过准备活动能够促进人体新陈代谢的增加，使人体更加适应运动的需求，能够降低学生在足球运动中出现损伤的概率。因此，学生在足球训练前需要积极参与准备活动，才能够保证他们从生理上和心理上接受足球训练，促进足球训练的顺利开展。部分教师自身对准备活动也缺乏重视，认为准备活动可有可无，对于学生参与准备活动的情况也不加以监督和管理，使得学生简简单单进行几项热身运动后，就立刻投入足球训练中，从而导致学生的身体在没有准备好的情况下就进行过于剧烈的运动，导致学生的身体受伤。

（七）违反规则因素

足球运动是一项极具对抗性的运动，双方不可避免地会有身体上的接触和碰撞，而且该项运动有着严格的比赛规则，在运动的过程中，必须严格地遵守制定的比赛规则，才能够避免意外事件的发生。但是，在高校的足球训练中，部分学生认为足球训练只是一种训练活动，并没有认真了解足球运动的规则，也没有遵守比赛规则，导致在比赛的过程中，出现违反比赛规则的行为，从而导致安全事故的发生。

二、高校足球训练潜在安全因素的应对策略

（一）提高教师专业素养

教师自身的专业素养直接影响足球训练的水平，因此教师自身需要不断地提高专业素养，掌握与足球运动有关的理论知识和技术要领，保障足球训练的顺利开展。此外，教师要认识到自身对学生的影响，在日常的教学工作中，需要注意自己的一言一行，给予学生积极健康的影响，从而最大限度地避免安全事故的出现。

（二）采取个性化训练法

每个学生的身体素质不同，有些学生喜欢运动，喜欢足球，因此在长期的运动锻炼下身体素质较好，而部分学生则不爱运动，也不经常参与锻炼，因此体能较差。如果教师为所有的学生安排统一的训练量就会导致身体素质较好的学生没有通过足球训练提高自身的身体素质和足球技能，却又使得身体条件较差的学生无法达到教师所制定的标准，反而给身体造成了伤害。因此，教师要结合学生的不同情况，合理地安排运动量，并进行针对性的训练，从而让每个学生都能够通过足球运动训练，提高自身的身体素质。此外，在教学的过程中，教师必须加强对进行学生安全意识和自我保护意识的教育工作，要让学生认识到在参与的过程中哪些部位容易受伤、可通过怎样的方式进行预防，从而降低学生发生安全事故的概率。

（三）做好场地器材的完善工作

学校必须加强对足球运动的重视，要为学生创建一个良好的训练场地，要完善足球场地，可在经费充足的情况下为学生建天然草坪，并加强后续的管理和维护。如果学校经费不充足，也需要定期地对足球场地上的石块、垃圾等杂物进行清理，从而避免学生发生意外事故，同时促进学校体育事业的发展。

（四）针对特别天气设置应急方案

在高校的足球训练中，教师不仅要考虑到在良好的天气情况下应该如何开展训练，同时还需要针对大雨、大风、高温、寒冷天气设置一个完善的应急方案。如遇到一些极端的天气，教师就可以带领学生到室内足球场地进行教学，如果学校没有室内足球场地，教师可以将原先的训练计划进行更改，可采取理论学习的方式让学生掌握有关足球运动的理论知识，从而

在充分保证学生安全的前提下，加强学生对足球运动的认知。此外，教师本人还需要掌握一些基础的医学常识，可以在学生发生损伤后及时进行处理，避免了伤情的恶化。

（五）指导学生规范动作

在学生进行足球运动的相关技能动作的训练时，教师需要做好规范性动作的指导，并监督学生对足球规范动作加强练习，如果学生动作不规范，则需要指导学生及时改正。同时在每一次的足球训练中，教师都需要让学生进行基础动作的训练，从而帮助学生扎实基础，让学生能够掌握规范动作，从而做到在比赛的过程中，采取规范的技术动作，避免安全事故的发生。

（六）做好准备工作

足球训练的运动强度大，因此学生如果没有做好任何的准备工作，就直接投入激烈的足球运动中，很容易造成肌肉关节的损伤。因此，在进行正式的足球训练之前，教师需要带领学生一起做好准备活动，让学生的每个关节都做好预热，使学生的神经系统处于兴奋状态，从而降低学生在运动时受伤的概率。

（七）明确比赛规则

在足球比赛开始之前，教师需要结合国际通用的足球规则以及学生的实际情况，制定个性化的足球运动规则，同时在进行校内比赛或者校外比赛之前，让学生了解足球运动的规则。教师可以通过口头讲解、PPT、宣传页等方式进行比赛规则的宣讲，让学生认识到在比赛过程中哪些行为是违反规则的，哪些行为是正确的，让学生认识到遵守比赛规则是保障自身安全的前提和基础。学生在足球比赛中严格遵守比赛规则，就会降低发生意外安全事件的可能性。

在高校的足球教学中存在很多潜在的安全隐患，因此教师必须正确地认识这些安全隐患给教学工作带来的负面影响，并且通过提前准备有效地避免安全事故的发生。让学生能够在保障安全的前提下，通过参与足球训练，提高身体素质。

第四节　高校足球运动训练的有效性

为了提高学生的身体素质，高校非常注重运动训练。通过进行高校足球运动训练，能有效地提高足球运动员的竞技能力，积累比赛经验。在足球运动训练的时候，训练的有效性受多种因素的影响。为了让训练结果更加明显，有必要探讨与研究导致训练结果不佳的因素。并且从影响因素出发，提出有效的应对措施，提高足球训练的效果。本节首先讲述高校足球运动训练有效性的影响因素，其次讲述高校足球运动有效性提升的具体措施，以此供相关人士参考与交流。

随着经济的不断发展，中国的体育发展速度越来越快，大学足球竞争能力不断提高。

但是大学足球训练由于受多种因素的影响，降低了足球训练的有效性，所以为了帮助学生在训练中提高运动水平，帮助学生逐渐提高足球运动水平，掌握更多的足球技巧，便需要采取有效的措施，减少不良因素对高校足球运动训练有效性的影响。

一、高校足球运动训练有效性的影响因素

（一）足球运动项目的特点对高校足球运动训练有效性的影响

好的训练结果是奠定在多次反复训练的基础上的，足球训练的环节是连接有序的，足球运动训练项目具有自己独特的特点，其特点导致足球训练存在较大问题，训练方向主要是学生对足球技巧和基本动作的掌握。比如，在足球运动训练的时候，运动技巧的难度以及结构特征等都会影响足球运动的效果，为此，为了减少足球自身运动特点对高校足球训练有效性的影响，教练员需要特别注意体育计划的制订。在开始制订训练计划时需要结合体育项目的特点和运动员的现有水平，从而保证所制订的训练计划能够更好地适应运动员的足球竞技能力的发展，更好地开展足球运动训练。

（二）运动员自身素质对于有效性的影响

不同足球运动员的自身适应能力是不同的，对于足球场的适应能力也是不同的，作为足球运动训练的主体，足球运动员的个体差异会对高校足球运动的有效性产生一定的影响。为了在短时间内让学生掌握更多足球技巧与知识，需要重视训练方案的设计，教练需要提前分析球员的特点，从而保证所制订的训练计划科学有效，能够得到有效落实。在衡量一个足球运动员自身能力时不仅要考查技巧掌握水平，同时需要考查运动员面临困难与挑战时的心理素质，在足球运动训练的时候，通过将运动竞技能力的发展与足球运动员自己的个性差异进行有效的结合，能够以更加合理的方法对学生学习表现进行评价，以此帮助运动员随机应变，提高竞技能力，让足球运动员能够对运动始终保持高度的热情。

（三）心理承受能力对于训练有效性的影响

在足球运动训练的时候心理因素也非常重要，当足球运动员具有一个比较好的心理素质的时候，能够在激烈的比赛中始终保持稳定的比赛状态，从而获取胜利。比如，在比赛的过程当中，当运动员的抗压能力比较强的时候，能够更好地适应激烈的比赛场所，减少现场杂音对足球运动员的影响，提高抗干扰能力。因此，为了帮助运动员克服心理因素的干扰，减少心理因素对足球运动成绩的负面影响，有必要加强足球运动员的心理素质训练。在训练中，结合运动员的特点和体育项目的特点，有针对性地开展训练组织工作，提高运动员的心理水平。

（四）足球运动训练方法对于有效性的影响

为了提高高校足球训练的有效性，需要根据实际情况选择合适的训练方案和训练方法，在比赛过程中，选择合适的训练方法，可以提高训练效果，创造良好的训练氛围。让学生

逐渐对足球运动训练产生兴趣，能够在枯燥的训练中始终保持耐心，逐渐提高自己的足球运动竞技能力。足球运动训练的方法非常多，主要包括组织方法以及评价方法等，选择科学的足球运动方法，能够提高足球运动训练的效果，为了更好地发挥足球运动训练方法的指导作用，在训练的过程中，教练员需要在前面研究运动方法的基础上结合运动技能发展的需要，保证指导方法的科学性以及有效性，逐渐提高运动员综合素质能力。

二、提高高校足球运动训练有效性的具体措施

（一）逐渐提高教练员的指导水平

为了增强高校足球运动的效果，便需要足球运动项目的任课教师有较高的教导水平。经过调查可以发现，当前足球教师的指导能力以及综合素质存在一定的问题，足球教师的能力有待提升的空间非常广阔，高校需要采取良好的措施来提高教练员的指导能力。首先，高校需要将提高足球竞技水平作为招聘目标，创新招聘方式，引进更加优秀的足球教师人才，要求招聘的足球教师不仅具有非常丰富的专业知识，同时也需具有丰富的指导经验，以此保证足球指导训练的质量。其次，在教师指导的过程当中经常会出现一些问题，因此为了解决存在的指导问题，提高高校足球运动训练的效果，便需要采取针对性的教师培训，以此让教师在培训过程中逐渐地提高自己的创新能力以及指导水平，更好地适应高校足球运动训练的发展，从而对学生提出更高的运动训练要求。高校要保证教练员的指导水平，保证教学效果，引导学生学习足球，让学生主动学习足球，提高足球学习意志力。

（二）不断完善基础设施建设

在进行足球指导的时候需要建设一定的场地，不断完善基础设施，让学生在良好的学习环境下进行足球运动训练，潜移默化地提高自己的足球运动能力。当前很多高校并没有充分认识到足球场地的建设对于足球能力提高的作用，因此为了解决存在的问题，提高高校足球运动训练的效率，便需要正确认识足球场地对于学生的影响作用，并且加大投资，不断完善基础设施，以此保证足球运动训练的顺利展开。首先，需要保证足球场地的规模，在足球运动训练的时候，学生为了更好地进行足球技巧的训练，需要有足够规模的运动场地的支持。因此，高校在建设基础设施时需要扩大足球场地的规模，以此让运动训练的效果更加明显。其次，需要保证足球训练场地的草坪质量，由于在进行足球运动训练的时候会给草坪带来一定的损坏，容易发生碰撞问题，导致学生的身体受到一定的伤害。为了减少足球运动训练给学生身体健康带来的危害，减少学生受伤的概率，便需要提高草坪的质量，以此满足学生足球运动训练的需求。进而在发生碰撞问题时，减少对于学生身体的伤害。最后，需要保证足球的数量。在进行足球运动训练的时候，经常会出现多个班级一起运动训练的现象，为了更好地进行运动比赛，让学生在足球运动比赛中积累更多的运动经验，提高足球运动技能，因此教师需要保证足球运动训练时的足球数量，从而满足每一位运动员训练的需求。

（三）提高学生对于足球运动训练的兴趣

为了提高足球训练的效果，营造良好的足球训练氛围，需要采取有效措施，让学生感受到学习足球的魅力与乐趣。在实际的足球指导过程中，需要教师认识到他们是学习的引导者，学生是指导的主体。让学生采用多种途径提高自己的足球竞技水平，有效提高指导的效果。尽管有很多学生都选择了足球课程，但是选择的想法和动机是各不相同的，因此为了能够提高足球指导的有效性，帮助学生快速地掌握足球运动训练的技巧，因此在指导的过程中，教师需要将学生作为指导主体，从而进行针对性的足球训练，以此提高学生运动训练的有效性。在开始训练之前，有些学生并没有充分认识到足球训练的作用，所以为了更好地开展足球训练指导，教师需要注意培养学生对足球的兴趣，让不了解足球运动训练的学生进入足球运动训练的场所，感受到运动训练的魅力。在足球运动训练中，通过让学生感受到足球运动训练的好处，不仅能够提高高校足球运动训练的有效性以及积极性，同时也能够在保证指导质量的基础上提高训练的效率。

（四）改善足球运动训练的方式

为了提高足球训练的有效性，在足球训练中选择科学有效的运动方法是十分必要的，首先，在选择足球训练方式的时候，需要与学生的特点进行有效的结合。从而保证指导方案的科学性以及合理性。制定的足球运动训练方式需要给学生足够的发展空间，让学生有足够的时间开展运动训练，在不断训练的过程中积累训练经验，提高足球比赛能力。其次，在训练的过程中，我们需要注意提高学生的身体素质，将学生的身体素质作为足球运动训练的重点内容。最后，在运动训练的时候需要开展比赛，通过开展足球比赛让学生在比赛中掌握更多的足球技巧，积累足球运动经验，提高足球运动训练的效果。

（五）训练管理要科学

在进行足球运动训练的时候首先需要进行制度化的管理，为了落实制度化管理，便需要根据实际情况建立和健全规章制度，对运动员的自身行为进行有效的约束，保证训练工作的有效落实。除此之外，为了激发足球运动员在训练中的积极性和主动性，还需要引入竞争机制，增强运动员的责任感，从而形成有效的训练压力。

高校足球运动训练的过程会受到多种因素的影响，导致运动训练的效果不佳，为了提高高校足球运动训练的有效性，便需要从影响有效性的因素出发，提出有效的针对性措施。所提出的措施需要考虑到实际情况，从而更好地促进高校足球运动训练的开展，提高足球训练质量。

第五节 高校足球运动的推广

在各类体育运动中，足球运动被认为是一项综合性训练能力较强、较适合于青少年锻炼身体、提高自身素质的体育运动；其在高校大学生青年群体中进行推广的价值不言而喻。本文分别从足球运动在高校的运行环境、在高校教学中的地位及与基础教育之间的关系三方面，就我国高校足球运动的更好推广问题进行详尽、深入的探讨。

在当前已有的各类体育运动中，足球运动被认为是各项能力训练最好的体育运动项目之一，特别是对于青少年群体来说，更容易从中受益。高校是我国重要的青少年群体聚集场所之一，高校体育在提高我国青少年群体身体素质方面发挥了不容忽视的作用，加大足球运动在高校体育教学、学生课外生活中的推广力度意义重大。纵观我国部分高校足球运动的推广现状，影响其推广的除了高校足球运动运行的客观环境，还与其在高校教学中的位置及与基础教育之间关系的处理有关；为了促进高校足球运动更好地推广，有必要从上述三方面进行深入探讨。

一、运行环境角度的高校足球运动推广

今天就足球运动在高校的发展来说，对大学生还能够关注足球、参与足球运动的一个不容忽视的影响因素，就是足球给大学生带来的某种没有功利性、可以尽情享受足球赛事、足球游戏本身给自己带来的"内生利益"，这是高校大学生群体当前关注足球、参与足球运动的基本动力之一；其中我们不得不承认国际、国内各种足球赛事对大学生产生的影响。通过我们的调查发现，当前高校中的很多大学生真正能够引起他们关注足球、吸引观看或者参与足球比赛的是欧洲足球，在当前的大学生群体中"欧洲足球"一直以来都被认为是世界足球赛事体系中最优质的产品，"欧洲足球"深深地影响着我国青少年、大学生群体对足球运动的认知，影响着我国足球文化的发展。有着"欧洲足球"影子的高校足球文化环境深深地影响着我国高校足球运动的运行与发展。

另外一个对我国高校足球运动发展产生重要影响的环境因素，就是不定期举行的高校校内、校际的足球比赛。正是由于这些不定期举行的高校校内、校际足球比赛，将我国高校大学生对足球运动的关注转化为足球运动实践，也让高校足球运动从"草根"走向"精英"成为可能。这里也提出了一个很重要的高校足球运动发展课题，就是如何才能吸引更多的、不是很关心足球的大学生群体参与其中，这也是当前制约我国高校足球运动发展的"瓶颈"。笔者认为，要解决上述问题，关键恰恰在于校内、校际足球比赛的举行。因为足球比赛本身就有着吸引社会群体、凝聚社会资本的功能，通过比赛代表自己的学院、学校参与其中，吸引自己学院、自己学校同学的关注，从而逐渐吸引更多学生关注足球，逐步

扩大高校足球运动在大学生群体中的影响。

最后一个影响高校足球运动发展的环境因素，就是足球运动本身的技术、技能因素，这也是限制当前我国高校足球运动竞技、发展水平的主要因素。总体来说，我国高校足球运动竞技、发展水平不高；这在某些方面与我国当前的体育管理体制有关。比如，高校缺乏科学的体育教练员，以及足球运动员选拔、培养体系，使高校足球运动处于一种"自娱自乐"状态，根本上不了竞赛"台面"。纵观美国、日本、韩国足球运动发展，我们可以看到有很多的足球巨星、教练员都成长于高校足球联赛之中，成功于结构完整的高校足球运动竞赛体系。高校足球运动竞赛与人才选拔、培养体系的不健全，很明显是我国高校足球运动推广、发展的重要症结所在。

二、教学地位角度的高校足球运动推广

就当前我国高校足球运动发展而言，只有将其放置在高校教育教学系统中来剖析，才有可能真正认清其存在的问题，才有可能找出切实可行、有效的推广路径。从调查中我们发现，我国高校足球运动教育体系本身就存在着一些问题。比如，足球运动课程乃至体育课程在高校课程体系中被严重"边缘化"；受我国传统教育选拔制度、受父母鼓励孩子选择更加平稳的专业发展道路意识等影响，更多的学生重视的是"主科"，而体育足球这样的"副科"，对于理工科学生这种现象更为明显；但是从另外一面，我们又看到"体育能力"被很多家长、学生认为是一个额外的能力和成就，认为如果好好发展，说不定会成为一条"出路"。相互矛盾的两种认识的存在，也让高校足球运动教学陷入"矛盾"之中而左右为难。

影响当前我国高校足球运动教学地位的因素是深远的，从近现代我国教育与体育发展角度来分析，从 19 世纪后期我国教育走上"西化"道路开始，在充分吸收了日本教育、经济、政治和军事等发展经验之后，我国的学校体育才算起步。到了 20 世纪初，我国著名的教育家蔡元培也谈及了体育强健国民体格之目的，在我国的学校教育中才有所重视，但是当时学生接受学校教育的目的是"谋生"，而当前的社会环境下体育还没有发展到可以用于谋生的地步，人们对体育的重视也就可想而知，更别说是对作为体育运动分支之一的足球运动的重视。足球运动真正受到重视是 20 世纪"改革开放"之后，体育越来越影响到一个国家的形象，而足球在其他很多西方国家可谓是蓬勃发展，在"体育代表国家形象"认识的影响下，我国开始着力发展体育运动、发展足球运动。

笔者认为，当前高校足球运动之所以没有取得实质性的推广成果，主要原因在于目的不明确。我国高校推广足球运动的根本目的是什么？有的说是为了体格和健康，有的说是为了竞技，这些都可以作为高校推广足球运动的目的；但是，如果说单纯是为了体格和健康，那么就降低了足球运动的作用；如果说是为了竞技，那么则抬高了高校足球运动的作用，因为还有专业化、职业化的足球运动存在。在高校推广足球运动的根本目的，应该是让足球成为大学生群体的一种生活方式，一项重要的生活内容，在潜移默化的"生活化"

影响中，提高大学生的身体素质、发现大学生足球运动员的潜质、培养大学生职业化的足球运动能力等，在高校推广足球运动本身不是目的，只是一个人才培养的手段而已。

三、基础教育角度的高校足球运动推广

可以说，我国高校足球运动的发展其实是处于一种尴尬状态，其主要是在给中小学基础教育足球发展"补课"。调查发现，当前我国高校的很多大学生在进入大学之前没有上过系统的足球课，甚至可以说只是接触过足球，更谈不上对足球运动基本技术、技能的了解和掌握了。这也成为当前高校足球运动发展过程中所遇到的一个棘手问题。为了在高校中推广足球运动，"补课"是必需的，但是如何在有限的授课时间内帮助更多学生了解足球运动，熟悉足球运动的基本技术、技能，就成为一个更大的问题；这样问题又不得不回到基础教育阶段的体育教学、足球教学。我国拥有世界上最大的学校体育基础教育体系，这个体系规范、指导着世界上最多的学生和学校，为了从根本上解决、改进高校足球运动推广问题，需要得到基础教育支持，在基础教育阶段制定、实施一套切实可行、科学、标准化、与高校体育教学相衔接的体育教学、足球教学体系。

为了更好地促进基础教育阶段体育运动、足球运动的发展，还有一个需要解决的问题就是体育教学、足球教学在基础教育学科教学中的地位问题。进入 21 世纪，我国对学校体育教育进行了一系列改革，与过去 30 年相比，我国的学校体育都发展到了一个新的水平；但是仍然没有改变的一个事实就是体育学科教育相比较基础教育阶段的语文、数学、英语、物理、化学、生物、地理、历史等学科教育来说，仍然是"不那么重要"，高中年级除了在高考中准备报考体育专业的除外，体育在升学中只是作为"考查"科目，有与无、好与坏影响都不大。这种差别、差异的存在给高校体育运动、足球运动的不良发展埋下了"祸根"；国家层面上、政策层面上应该对上述认识、问题予以引导和解决，为高校足球运动的推广发展创造一个良好环境。

影响我国基础教育阶段体育教学发展的因素除了认识的误区、政策上的支持不足外，还有一个因素就是体育教师素质能力的不合格，基础教育阶段的体育教师严重缺少培训机会，有很多体育教师、足球教师自身素质就不过硬，对专业的足球运动知识缺乏了解，导致足球运动课程教学流于形式，学生不可能从中学到专业的足球运动知识，也就无从谈起对专业足球运动技术、技能的了解和掌握；从而使高校足球运动推广工作成了"补课"活动，限制了高校足球运动的发展。

第六节　高校足球文化的发展

随着我国体育事业的发展，足球在高校中的影响力越来越大，在高校中参加足球训练

和足球比赛的学生人数日益增加。学生不仅对足球这项体育运动投入了较大的热情，还在一定程度上促进了高校足球运动项目的快速发展，同时足球运动项目的良好发展也对学生的业余生活产生了不同程度的影响。足球运动项目在我国高校中的发展，逐渐形成了一种足球文化。但是，目前我国高校的足球文化依旧处于发展阶段。本节对我国高校足球文化发展过程中的影响因素进行了深入的研究和分析，并有针对性地提出了一些建设足球文化的具体措施，以供参考。

我国经济技术的快速发展离不开高校为社会输送的各种专业型人才，而在高校中，校园文化对大学生的全面发展有着非常重要的作用。校园足球文化是校园文化的重要组成部分，校园足球文化对提升大学生的综合能力和综合素养等有着十分独特的意义和功能。所以，加强对影响高校足球文化发展因素的研究，对全面实现高校足球文化的发展进行研究，是非常具有理论和实践教育意义的。

一、高校校园足球文化的含义及功能

（一）高校校园足球文化的含义

高校校园足球文化是指高校大学生围绕足球运动项目的形式开展的一系列相关文化活动，在学习有关足球知识和技能的过程中，逐渐地提升自身各方面的能力，增强自身学习的积极主动性，并极大限度地拓展自身的体育文化知识面，丰富自身的体育活动范畴。建设高校校园足球文化，促进高校校园文化的整体发展，推动高校校园体育事业的健康发展。

（二）高校校园足球文化的功能

足球运动项目是一项团体性的运动项目，需要所有的参赛选手在运动比赛场上相互配合、相互团结、相互协作，依靠整体的共同努力才能获得最终的胜利。在这个过程中，足球文化能够在一定程度上培养高校大学生的集体合作意识和团队协作能力。所以，在高校，喜欢参加足球训练和足球比赛的大学生在这种文化的长期熏陶下，能够有效地培养自身的团队协作精神。与此同时，高校校园文化还能够有效促进高校大学生身心健康的全面发展。这是因为高校大学生在足球体育运动项目锻炼的过程中，能够加强自身的身体素质，并使其心理素质得到健康的发展。此外，高校大学生通过参加足球体育运动能够认识到许多志同道合的朋友，在私下的生活中，能够经常进行交流和沟通，从而缓减和释放学习上或者生活中的各种烦恼和压力，以此来疏导自身的各种不良情绪，从而将更多的精力投入学习和生活中。高校足球文化还能够极大地提升学生的创新思维能力。高校大学生通过积极地参加丰富多彩的足球竞赛或者相关活动，从中体会足球运动项目带给自身的那种创新氛围。与此同时，足球作为一项竞技性运动项目，学生在参加比赛的时候，通过布置战术，以及充分地发挥自身的竞技比赛经验和运球运动技巧，从而帮助团队获得最终的胜利，通过胜利能够有效地激发学生对足球运动的兴趣和热情，进而在某种程度上推动我国足球事业的发展。

二、影响高校校园足球文化发展的因素

（一）足球文化氛围

足球运动项目的文化氛围对高校校园足球文化的传播和发展有着非常重要的作用，所以高校应该对营造足球运动项目的文化氛围给予极大程度的关注和支持。学校领导应该加强对足球运动项目推广的重视，从而促进高校校园足球运动项目的发展，进而形成良好的校园足球文化，并为我国的足球事业贡献力量，拓展我国的足球市场。但是，目前我国很多高校对足球运动项目的重视程度不高，学生即使想要系统地学习足球的相关知识也不知该从哪里进行，所以就造成了部分高校校园足球运动项目的文化氛围不浓的现象。

（二）高校对足球相关课程的设置

高校中对足球运动项目的相关教学和校园足球文化的发展有着密不可分的联系，足球运动项目的相关教学模式和教学体系的健全与否直接影响着校园足球文化能否得以顺利发展。如果高校非常重视足球运动项目的发展，并能够科学合理地设置有关足球的课程，例如，足球文化课和足球体育实践训练课程等，通过这些足球课程，学生能够系统地进行足球相关知识和技能的学习，从另一方面讲，也极大地拓展了学生学习足球的途径。通过设置有关足球的课程，能够在一定程度上有效促进高校校园足球运动项目的发展。但是，就目前而言，我国很多高校没有重视足球文化的发展，具体表现在有关足球课程设置得不合理、不科学，甚至更加严重的是部分高校并没有开设有关足球的课程。课程设置不合理具体表现为部分高校在进行足球体育运动项目的教学过程中，只是一味地注重培养学生的足球运动技巧，从而忽略了足球体育运动项目本身的特性——团队协作精神、合作意识；并且教师在教学的过程中，过分注重理论的讲解，而缺乏更多的实践训练，也没有对学生的整体团队协作、竞技比赛中的战术进行全面的深入讲解和实践训练。此外，再加上考核制度不完善，这些因素都严重地影响了高校校园足球文化的发展。

（三）学生自身对足球运动项目的热情和兴趣不高

高校学生对足球体育运动项目的热情和兴趣对高校校园足球文化的发展有着至关重要的作用，同时它也是高校校园足球文化发展的重要组成部分和我国足球事业发展的关键因素。研究调查表明，我国高校中喜欢足球运动项目的人少之又少。在学校举办足球比赛的时候，即使有运动员参加比赛，但在比赛时现场的观众人数也是非常少的，这对足球运动员的参赛积极性而言是莫大的挫伤。另外，很多喜好足球运动的学生对足球运动只是停留在简单的喜欢层面，不能够加大对足球运动的投入，例如，对足球运动项目的消费水平较低。此外，随着我国市场经济的繁荣发展，高校学生在毕业的时候所面临的就业竞争压力也愈加激烈，这就造成了很多学生不愿意把精力放在学习之外的事情上，从而导致高校参加足球运动项目的学生人数少之又少。高校学生对足球运动项目的热情和兴趣不高，引发

足球运动项目的消费水平降低，消费水平的下降进而会影响足球产业的良好发展，以此类推，从而形成恶性循环，最终导致高校校园足球文化不能够得以良好的发展。

三、发展高校校园足球文化的具体对策

（一）提高对足球运动项目的认知水平

提高高校对足球运动项目的整体认知水平是非常重要的。首先，高校的相关领导应该强化自身对足球运动项目和有关足球文化的整体认知水平；其次，足球教育的直接管理者，例如足球体育运动的教学老师等要提高自身对足球运动项目的整体认知水平。只有高校内部提升了对足球运动项目的认知水平，才能在高校构建出优秀的高校校园足球文化，从而加强对学生的引导作用，培养学生拥有坚强的意志品格和良好的道德素养，最终实现学生"德、智、体"的全面发展。另外，逐渐完善高校校园足球文化，令其发展成为高校校园文化的重要组成部分是非常有意义的，不仅能够提升大学生的相关管理工作的整体水平，还能够在很大程度上降低对大学生教学管理的难度。最关键的是，要让高校大学生自身领略到足球运动项目的魅力所在，并认识到构建高校校园足球文化对自身发展的重要性，从而使其能够成为高校校园足球文化建设的主要贡献者。

（二）加快高校足球教学理念的改革

对高校传统的足球教学理念进行有效的改革是构建高校校园足球文化非常有效、重要的举措之一。高校应该提升对校园足球文化建设的重视程度，对足球运动项目的教学工作给予充足的经费支持和相关政策的大力支持，从而摒弃高校传统足球运动项目教学中落后的教学理念和教学模式。在这个过程中，足球运动项目的教学工作者应该认识到教学教材对校园足球文化建设的重要性，在选择教学教材的时候，要充分将学生的接受能力考虑进去，并选择一些趣味性比较浓、适用性比较强、科学合理的教学教材，从而在教学的过程中不至于使学生感觉到枯燥乏味。教学模式的转变也能够极大程度地增强学生对足球运动项目的浓厚兴趣。高校足球运动教学老师在进行理论教学的过程中，一般都是采用灌输式的教学方式将足球的一些理论知识讲解给学生，学生在课堂上进行学习的过程中，很容易产生枯燥乏味的感觉，从而难以集中听讲的注意力，降低了学习效率。随着现代化信息智能技术的发展，教师也应该积极地跟随时代的发展脚步，多利用新媒体技术进行教学活动，例如，采用多媒体技术进行教学，通过多媒体给学生放映一些足球视频。

高校足球文化是高校校园文化的重要组成部分，对影响高校足球文化发展的因素进行深入、全面的研究，能够有针对性地提出一些建设性意见，从而促进高校足球文化的发展，并推动我国足球体育运动事业的发展。高校足球文化能够有效培养学生的团队协作能力和合作发展的意识，从而为学生未来的职业生涯打下坚实的基础。高校足球文化的发展对学生的影响是较大的，所以高校一定要重视校园足球运动项目的发展，并给予各方面的支持，为学生加入足球运动项目营造良好的环境和氛围。

第二章 高校足球训练的基本内容

第一节 高校足球组合训练

青少年是足球热爱的主体，足球运动不仅能充分锻炼运动者的身体素质，使其拥有强健的体魄，而且拥有很高的观赏价值，不过由于各方面原因，我国的足球训练效果无法得到满足。针对这种现状，提出要提高足球运动水平的目标，这就需要运用正确的方法对足球运动员进行培养，其中组合训练法是重要的手段。本节针对高校足球训练中存在的问题提出了将组合训练法应用于训练中的几点思考。

足球一直备受我国人民的喜爱，因在世界杯中的地位，国家对于足球运动也相当重视并且出台了相关政策，用以对中小学的特色足球教学进行有效支撑，这是培养足球运动员的有效手段。足球训练在一定程度上肩负着国家层面的使命，把组合训练法应用于高校足球训练中成为必然趋势，能在一定程度上调动学生参与训练的积极性，使他们更好地掌握足球运动技能战术和战略，培养他们的体育精神。

一、组合训练的概念

组合训练法是能提高训练质量和教学效果的一种教学方式，所谓组合，就是将各种适合学生训练的方式一起运用到训练当中去，这种训练方式能促进教学模式的多样性、全面性和整体性，使队员的技术动作更加娴熟和灵活，促进对足球运动的深刻了解。传统的足球训练方式过于单一和枯燥，学员的课堂积极性不高，大大降低了课堂效率，而组合训练法相对于传统的训练方式来说，更具有拓展性、延伸性和多样性，对于提高课堂效率和学生训练的积极主动性具有重要作用。在进行组合训练时，要注重根据学生的体质、年龄特点、心理特征以及兴趣爱好科学、合理地选择训练组合方式，这样才能充分体现出组合训练的最高价值。训练目的是训练活动有序开展的基础，因此，在活动开展之前，必须制订符合学生的训练目的的方案，还应该直面训练者的个体差异，进行有效的分层训练，使每个训练者都能得到明显的进步和提升，体会成功的喜悦，进而提高训练的积极性、激发训练的兴趣。

为了在某个训练单元中制定最好的组合训练法，需要相关体育教师事先对每一个训练者的身体素质、竞技水平、训练基础、个性特点以及训练目的都有充分的了解，然后结合现阶段足球运动训练原理，合理地制定训练目的，选择合适的训练方法、内容以及强度高低，让训练者能在训练中激发自己最大的潜能，达到训练的最好效果，提高足球技能的运用能力。目前的高校足球组合训练主要包含四方面：技术、战术、体能以及心理，组合是指不同要素之间的合理协调、同一要素的不同组合或者多种要素之间的相互作用，内容的选择则要根据不同学生的不同情况进行。

二、组合训练在高校足球训练中的应用

（一）在技术训练中使用组合训练

技术训练是足球训练得以顺利开展的重要因素，运动员足球技术水平的高低能直接决定他们在足球赛场上成绩的高低，对于运动员的整体比赛成绩也具有重要的决定作用。任何一门技术的学习都不是一蹴而就的，需要一个循序渐进的过程，由此可见，技术训练应该让训练者从简单的技术慢慢向复杂的技术进军，对每一个技术都应该达到熟练掌握的程度，这样才能为更复杂的技术训练奠定坚实的基础，以便于最终达到技术训练全面进行的目的。高校学生正处于青少年阶段，他们对于传授的知识和技能都有较强的接受能力，能更高效地掌握技术和技能，要使训练更高效还有一个关键点就是要进行重复训练，重复训练达到一定的量之后，会使身体形成肌肉记忆，以此来保证训练的高效性，还能在一定程度上为其他类型的运动训练奠定基础。进行足球运动训练的一个重要目的就是让训练者在足球运动上取得更好的成绩，而赛场则能为训练者提供实战的平台，让他们将之前所掌握的各种技术、技能以及理论知识运用到赛场中去，还能锻炼训练者对于技术运用的灵活性，积累实战经验。通过赛场上的发挥，还可以有效检验运动员的水平，看出其薄弱环节，然后有针对性地对其进行训练，进而提高其水平能力，完善其对技能的掌握。

（二）在体能训练中运用组合训练

运动员要想能够稳定地得到能力提升，力量是重要的保证，也是掌握的技能能够正常发挥的标准，对于足球训练来说，力量直接决定运动员在赛场上的移动速度，提高力量素质的重要手段就是对受训者进行体能训练，合理有效的体能训练能使他们的力量发展得到质的飞跃。目前的足球运动比赛中更加趋向于进攻，这大大加强了比赛的激烈性，同时对力量的要求也更高了，要求运动员在比赛中的跑动技术、加速技能以及对抗技术都要有较高的水平，调查显示，在一些足球强国的训练中都非常重视对运动员进行体能训练，这成为训练中的重点内容，面对这种情况，各个高校也加强了体能训练，其中重要的方式就是将组合训练应用于其中。体能的训练在一定程度上还受到意识的支配，意识能弥补体能上的不足，每个运动员的体能和体质都存在差异，因此可以通过了解他们的个人特点，然后有针对性地开展单项体能训练，以此弥补个体存在的不足，最终达到提高整体队伍的体能水平的目的。

（三）在综合训练中运用组合训练

为了使训练更加具有针对性以及为国家足球队培养专业人才，高校足球训练必须以竞技赛的要求进行，在训练中不断向训练者灌输对抗性、敏捷性以及配合性在比赛中的重要地位，综合训练不仅仅是要训练团队中个人的足球技术，更加重要的是要增强队员与队员之间的协调能力，毕竟足球比赛成绩是一个团队共同努力的结果，如果团队中有能力特别拔尖的运动员，但是队员之间没有默契的协作能力，毫无疑问，这支队伍走不到终点，因为很容易暴露出各种问题，然后被对手突破。若是一个队伍有好的战略部署，队员之间有良好的默契，但是队员没有较强的突破、抢断、带球和射门等能力，不能在防守和进攻两个环节发挥超高水平，团队也很难获胜，可见，在足球训练中，必须把个人训练和团队训练都放在首位，切忌训练不平衡。要实现团队合作中的协调和形成默契是一件非常难的事情，不仅运动员要有很好的运动精神和素质，而且主教练也要有丰富的训练经验和水平，要使团队的能力越来越强，其中重要的一步就是要不断从各种训练和比赛中发现团队的缺点和漏洞，然后有针对性地进行训练，根据运动员的实际情况和相关目的制订组合训练计划，使个人的能力和团队完美地结合起来，从而提升团队的整体素质。

在高校足球训练中合理、有效地运用组合训练法，一方面能提高个人的足球运动技术水平，另一方面，能在一定程度上提升足球团队的整体素质。体育教师在应用组合训练的过程中，将足球训练的四部分，即技术、体能、战术以及心理进行有效的结合，然后合理规划训练方案，使训练内容更加贴合实际情况，保证高校足球训练的效率得到不断提升。

第二节　高校足球专项训练

足球运动在现代高校体育教学中扮演着重要的角色。然而，我国当代高校的足球训练还存在一些问题，对我国高校足球运动的发展有一定的阻碍作用，因此在这种情况下，提高足球训练的有效性就成为当前高校足球运动发展的首要任务。本节从足球专项训练的角度入手，探讨了提高足球运动有效性的策略，以便进一步推动校园体育活动及"阳光体育运动"的发展。

高校足球是我国足球事业发展中的一个重要组成部分，在我国足球水平发展低迷的情况下，校园足球建设被作为当前国家发展战略重要举措之一。校园足球训练的有力开展，能有效培养各学段学生良好的行为习惯、坚强的意志、沟通交流能力、团队协作能力和责任心、抗挫折能力，进而把提升学校体育质量与塑造学生强健的体魄、加强体育后备人才建设统一起来。足球专项训练是高校足球运动发展的重中之重，如何提高足球专项训练的有效性也成为当下高校足球运动发展的一个难题。

一、当前高校足球专项训练面临的问题

（一）体育教学场所不规范，体育设备缺失

体育教学场所和体育设备是开展体育活动的必备条件，对完成体育教学任务起着重要作用。现阶段高校足球运动发展的一个重要问题就是体育教学硬件设施的缺乏。简单来说，足球运动的开展必须具备相应的专业场地即足球场以及其相应的设备——足球。然而当前我国还有一部分高校不具备足球运动教学的物质基础，这从一开始就限制了足球运动的发展。

（二）经费来源单一

足球场地的建设、足球器材的选购、足球教练员和裁判员的培训选拔以及相关足球赛事的组织和举办都需要巨大的资金投入。然而我国高校体育教学经费来源单一，主要依靠学校的行政事业经费，近几年国家虽然加大了对高校体育运动发展的资金投入，但从整体来说，还未达到理想状态。加之我国足球长期处于低迷状态，使得国人对它的关注度很低，从各大高校的角度来说，不会将校园足球运动的发展放在校园体育运动发展的重要位置，自然不会投入过多的人力、物力、财力。

（三）师资力量薄弱

我国高校足球运动起步比较晚，师资力量相对薄弱。大部分高校足球教练皆由体育教师担任。就当前情况来看，我国高校足球教练员普遍存在"数量少、质量不高、学历低、知识结构单一、年龄老化"的问题。

此外，高校足球运动中缺少大量的足球裁判员。足球裁判员在足球运动中发挥着重要作用。一个好的足球裁判员会最大限度地激发学生对足球运动的热情和积极性，对足球运动的进一步开展产生举足轻重的作用。然而当前我国绝大部分高校中都缺乏足球裁判员，特别是高质量的足球裁判员，现有的足球裁判员大都是运动员出身，他们并没有得到过专业的培训，这在很大程度上影响着他们的执裁水平。这些情况都在制约着我国高校足球运动的发展。

（四）训练内容枯燥，形式落后

当前大多数高校足球专项训练课程的内容和形式已经出现了明显的滞后。传统的足球专项训练更重于形式，虽然有统一的训练模式，但是模式僵化，并不适应与时俱进发展的足球运动。这在很大程度上会挫伤学生训练的积极性，更重要的是，这会直接影响足球专项训练的效率。

（五）文化氛围缺失

学校文化氛围是指笼罩在学校整体环境中，体现学校所推崇的特定传统、习惯及行为方式的精神格调。校园文化氛围是无形的，以其潜在运动形态使学校全体成员受到感染，

体验到学校的整体精神追求,因而产生思想升华和自觉意愿。然而当前在全国各大高校中,大部分都把开设足球运动课程当作高校足球运动发展的主要方面,从而忽视了高校之中足球文化的建设。

二、高校足球专项训练有效性提高的策略

(一)加强对足球运动的重视程度

无论是学校还是学生都应该加强对足球运动的重视程度。从学校的角度来讲,应该加大对校园足球运动建设的资金投入,尽量改善足球教学的环境,让足球课程更加规范、合理,以从物质条件上保证足球教学任务的顺利完成。从学生的角度来讲,应该增加自己对足球运动的认识和了解,只有充分认识和了解一项运动,对之有足够的重视,才能在后期的训练课程中始终保持较高的积极性,更好地去学习这项体育运动。

(二)提高学生对足球的兴趣

培养学生对足球的兴趣,可以从以下两方面入手。一方面,鉴于足球运动本身具有的感染力,教师可以让学生通过观看相关足球赛事让其体验这项体育运动的激情,在增加对足球这项运动了解的同时也对足球运动本身产生浓厚的兴趣。另一方面,教师应当注重足球文化的作用,教师可以联系实际,运用多媒体教学工具引导学生了解足球,理解足球,让其对足球产生兴趣。

(三)提高学生的身体素质

身体素质一般是指人体在活动中所表现出来的力量、速度、耐力、灵敏、柔韧等机能,是一个人体质强弱的外在表现。身体素质经常潜在地表现在人们的生活、学习和劳动中,自然也表现在体育锻炼方面。可以说,学生的身体素质是高校体育活动顺利开展的保证。而足球专项训练要取得更高的有效性,学生就必须具备一定水平的身体素质。

在传统的体育教学活动中,教师大多是以跑步、压腿、伸展运动等形式来训练学生的身体素质,然而这个过程单一乏味,学生往往会对其产生倦怠的心理,从而影响这些活动的有效性。因此,为了达到提高足球专项训练效果的目的,需适当改变现有的教学模式,提高学生的身体素质。教师可以在提高学生身体素质的训练中添加"游戏"的成分,以此来提高该锻炼对学生的吸引力。例如,教师可以变"集体跑步"为"分组竞赛跑步",这样既调动起了学生的课堂积极性,又能更高效地锻炼学生的身体,为之后进一步提高足球专项训练的有效性做好积淀。

(四)制订合理的训练计划

训练计划是指组织实施训练的具体安排和基本依据。它起着明确任务,统一内容、标准和步调,协调各方面力量,部署、检查训练工作,统管训练活动的作用。它对体育活动的顺利进行起着重要的指导作用。在高校足球体育活动中,要想提高足球专项训练的有效

性，必须制订合理的足球训练计划，增强足球专项训练的系统性和科学性。

（五）学习新内容新方法

学习应该与时俱进，体育教学更是如此。足球运动从来不是一成不变的。要想更好地发展高校足球运动，提高足球专项训练的有效性，必须跟上时代潮流，学习最先进的理论知识和身体技能。这就要求体育教师时刻紧跟足球运动发展的潮流，掌握足球运动发展的最新动态，以便给学生传授最新的知识，提供最新的指导。

（六）加强校园足球文化建设

校园文化是以学生为主体，以课外文化活动为主要内容，以校园精神为主要特征的一种群体文化。校园足球文化是校园文化的重要组成部分，因而也具备校园文化的特性即互动性、渗透性和传承性。建设校园足球文化，对高校足球运动的发展有重要意义。就足球专项训练来说，好的校园足球文化会营造出一种积极向上的氛围，在训练中这种氛围的感染性和渗透性会极大地激发学生的积极性，从而提高训练的效率，达到训练的目的。

校园足球作为一项重要的体育运动，对学生的身心健康有重要的影响。现阶段高校足球运动正面临着发展的困境，我们更应该通过一系列措施，提高足球专项训练的有效性，推动高校足球运动的进一步发展。

第三节　高校足球战术教学训练

足球运动作为高校体育课程的一项重要教学内容，深受大学生的喜爱，教师要从学生的身心发展特点出发，制定合理的足球教学策略，优化教学内容，丰富大学体育课程，让学生在大学生活中感受到体育训练带来的愉悦。以下根据高校体育教学特点，对高校足球战术教学的训练方法和技巧做一些分析。

一、了解足球的教学技巧——激发学生足球战术的热情

"足球意识"是足球项目的重要组成内容，是教学的核心，是高校开展足球教育的首要任务，教师要注重学生运动观念的培养，让学生了解足球的战术技巧，正确掌握足球运动的比赛规则和运行流程，激起学生对足球项目的热情，引导学生合理开展足球活动。南斯拉夫著名教练米卢先生曾经说过，足球的四大要素分别为身体、意识、技术、战术，由此可见，足球意识对高校训练足球项目的教育具有重要意义。意识是人的主观能动性，教师要让学生真正地意识到开展足球运动对身体素质发育的重要性，从而认真地投入足球活动中。教师要教育学生以正确的态度进行足球活动，在比赛的过程中要充满信心，不到最后一刻决不放弃胜利的希望和决心，积极地配合队友抗争到底。战术意识主要包括进攻意识和防守意识，运动员在进行防守、攻略、传接球、跑位等活动时都要认真思考，在最优

的时刻进攻。足球项目对运动员的心理素质、体能素质、身体协调能力都有很高的要求，能充分锻炼大学生的各种技能技巧，为进入多元化和多变化的社会做好准备。

例如，在体育训练课上，教师可以对学生进行合理排序，如1号、2号、3号等，组织学生在足球场上进行传球的训练，按照1号传给3号，再由3号传给5号，在传球的过程中，2号和4号要阻碍传球的进行。这样的训练方法能同时训练学生的传球、防守、进攻等战略技巧，让学生做好随时改变战略战术的准备，培养学生随机应变和纵观全局的能力，提高学生的心理素质，让学生具备较高的足球战术训练技巧和方法。

二、开展足球的教学活动——提高学生足球战术的能力

足球是一项综合性较强的体育竞技活动，开展范围广，进行时间长，能训练学生全身机体的协调能力和综合运用能力，让学生训练优良的视觉、听觉、感觉和反应灵敏度，使学生全身心共同发展。教师要合理开展足球的教学活动，提高学生足球战术的能力。足球比赛是一种颇具观赏价值的体育项目，不仅要求运动员具有较高的团结合作精神，还要有纵观全局的战略意识，时刻把"知己知彼，方能百战百胜"的战斗理念牢记于心，用眼观察四面八方，用耳聆听队友信号，用脑思考战术技巧，用心感受战略技能。在高校合理地开展足球教学活动，要求体育教师充分锻炼学生的战术目的、行动的灵敏度，让学生拥有准确的判断能力、进攻的主动意识和防守的战略概念。

例如，教师可以在体育课上安置不同的"任务点"，可以间隔为10米或者20米，让学生分编号站到这些任务点的位置上，从1号学生开始传球，2号学生接到球后再运给3号学生，在运球的过程中，教师要严格要求学生的运球规则，不能让球偏离任务位置，并且要时刻把握好运球的速度和方向，不断总结经验和运球技巧，发挥体育足球训练的优势，有效提高学生的足球技能。在进行足球比赛的过程中，运动员需要具有较高的身体素质，还要有敏捷的短跑速度，才能准确无误地把球运给队友。所以，教师培养学生的短跑技能是势在必行的。

三、完善足球的教学内容——优化学生足球战术的方法

熟练的足球战略技术不是一朝一夕就能养成的，需要经过一个循序渐进的过程。教师需要完善足球教学的内容，优化学生足球战略战术训练的方法和技巧，让学生有效地学习和锻炼，促进能力的提升速度和技能培养的质量。教师要培养学生善于发现问题和解决问题的好习惯，在比赛中才能合理应对突发情况，随机应变，使学生合理配合队友进行比赛，做到整体发挥，赢得比赛。足球是一项特别考验运动者技巧和技能的运动，教师要不断地训练学生的反应能力，让学生在大脑中构建足球战略战术概念，合理地分析比赛局势和进展情况，做出有效和准确的判断分析，把劣势转化为优势，随时具有反败为胜的战略技巧和意识。另一方面，足球是一项要求全体队员整体发挥、团结一致的体育项目，这就要求

教师注重培养学生的合作意识，让学生具有团队合作精神，才能在足球比赛中拥有奉献精神，让学生时刻以团体进度为中心，注重队员之间的信号传达和肢体意识，从而有效地进行沟通，发挥足球的战略技术。

例如，在足球训练的过程中，教师要充分培养学生的个人技巧，如传球、接球、运球、射门时，都要让大脑处于精神紧绷的状态，随时做好进攻准备和防守意识，掌握时机和力量，做到步法灵活，速度敏捷，反应迅速。教师可以让学生通过"两两组合"的训练形式，训练足球的传球、运球、踢球等特殊技能和技巧，让学生养成好的运动习惯，以便在比赛时充分发挥战略技巧。

总之，在高校开展足球战略技术的训练体育项目是一个循序渐进的教学过程，教师要注重教学方法和学生足球战略技术的培养，让学生在进行比赛的时候充分发挥战略性技术，提升学生足球战术的能力，使学生了解足球的教学技巧，配合心理战术，最终达到取胜的目的。

第四节　高校足球体能训练

随着足球体育项目的迅速发展，足球比赛也越来越受到人们的重视，高校足球运动员在比赛过程中也表现出了高超的技能与战术水平。而越来越激烈的足球比赛对高校足球训练中的体能训练也提出了更进一步的要求。目前世界足球技术越发成熟与灵活多变。因此，只有具备了良好的体能，才能不断适应比赛的要求。

传统足球训练中的体能训练只注重对成绩与素质的追求，从而忽略了学生在体能训练中潜力的挖掘以及学生自身拼搏的意志的锻炼。因此，我们不能简单地将足球训练中的体能训练看作是学生素质与身体的训练，体能训练与身体素质二者之间既有联系又有明显的区别，本节主要对高校足球训练中的体能训练策略进行探讨。

一、体能训练对足球训练的意义

体能是技能形成的基础，技能是体能的具体表现形式。体能训练决定着学生的体育总成绩。在传统的足球体能训练中，只将足球运动列为单纯的技能项目，导致足球运动走了很多的弯路，同时也是导致我国足球运动整体水平始终得不到提高的一个重要因素。这一因素的出现严重影响了足球运动的可持续发展。体能训练是学生在训练和比赛中良好心理素质的先决条件，同时也是一支足球队取得优异成绩的必要元素。总之，由速度与力量等运动素质构成的技能是足球技术的基础，因此在足球训练中应当加强体能训练这一重要内容。

二、我国高校足球发展的现状与存在的问题

（一）高校足球训练理念落后

我国高校足球训练理念相对落后，还处于以成绩论英雄的教学状态，急功近利的思想仍存在于广大足球教练员的思想中，正是由于这种根深蒂固的思想，学生在训练过程中经常有受伤的现象，这种落后的训练理念也严重地制约着我国高校足球整体水平的提升。就单纯地从训练理念角度出发，每个教练员在足球体能训练中都发挥着重要的作用，他们决定着足球体能训练的内容和计划，同时也决定着高校教练员的训练方式。正是如此，只有让学生们不断接受全新的足球体能训练理念，我国足球训练的整体水平才会慢慢提升。

（二）足球体能训练模式单一

对高校参加足球体能训练的学生来说，只有具备良好的心理素质才能适应高强度的体能训练。因此，在挖掘学生自身潜能的同时，也要注重其顽强心理意志和心理素质的培养。足球项目不仅是检验学生竞技能力的唯一标准，更是检测运动员技能和心理素质综合能力的手段。然而，我国的足球训练方式仍停留在粗犷与单一的教学模式中，一直也没有较为系统性的指导与配合，并且对学生在足球场地上的随机应变能力也有所忽视。在足球教学中足球项目是一项正规的竞技项目，随着足球技能难度的不断提高，致使足球正在向着娱乐与健身的方向发展。鉴于此，目前很多高校只满足了足球在竞技上的要求，忽略了教学与实践不相匹配的问题。

三、高校足球训练中的体能训练策略

（一）落实以人为本的体能训练理念

足球体能训练大致通过以下三个目标来完成：第一，学习足球这个项目的学生一定得是喜欢和热爱足球的人；第二，让每一个学生都养成科学的足球体能训练习惯并要一直坚持下去；第三，培养学生顽强的意志与团队协作能力。作为高校中一名优秀的足球教练员，不仅要具备扎实的足球知识，还要对学生的身心特点进行认真的研究，并运用针对性的教学方法去激发学生对足球的学习兴趣，让学生从内心真正爱上足球这项体育运动，因此，要将以人为本的理念融入高校足球体能训练和学生的体能训练的过程中。

（二）进一步优化现有的教学方法

这个目标的实施与达成，不仅需要学生与教师的配合，更需要在每天的训练之后，对自身进行总结与反省，只有这样才能应对今后训练过程中的不足并不断地提高与改正。同时通过自我反省这样的训练模式，不仅能使学生掌握和巩固相关的知识，也能让学生进一步了解足球这项体育运动，从而发现它的魅力，并提高对这项运动的热情。在训练过程中，发现学生训练不当的地方，教练员要及时加以指导，争取让每一个学生都有一套符合自身

的训练方案，也可以让训练方式大致相同的同学组成一个小组，并分享自己的训练心得和过程，这样彼此之间对统一动作也会有更深层次的了解。

（三）采取必要的耐力训练

在高校足球的体能训练中，对学生进行耐力训练是促进身体新陈代谢的一个重要手段，如果一个学生不具备良好的耐力就不能取得较好的成绩。因此，在教师制订好训练计划和一定的训练量后，绝对不允许的就是学生的"讨价还价"，必须保证体能训练项目的质量以及不折不扣地完成训练任务。但需要注意的是，教练员在选择耐力训练项目的时候，要注重教学手段的灵活运用，最大限度地防止学生在训练过程中负面情绪的产生，及时采取蒸汽浴等的按摩手法来恢复和提高学生的训练速度。

（四）采用多种教学手段提高学生的训练速度

足球运动是一项同场竞技的运动项目，有着动作速度、反应速度以及运动速度等情况复杂多变的特点，同时对训练过程中的速度有严格的要求。在足球运动中这几种速度的转化都发挥着不可替代的作用。因此，在训练过程中，要对教学手段进行灵活的切换，在速度训练中学生一定要集中精力。由于速度训练对学生体能的消耗是极大的，因此教练员在安排学生训练的过程中要将学生的反应速度放在首位，其次再进行运动速度的训练，只有合理地安排好训练的顺序与内容，才能取得良好的训练效果。

（五）将心理训练法融入体能训练中

心理训练法是足球体能训练的一项重要内容，当在训练过程中出现不好的局面时，此时教练员一定要引导学生调整好自己的心态，积极地并且从容不迫地去迎接下半场比赛。与此同时，还要让学生明白一定要坚信球队和个人是一个整体，是不可分离的。教练员还要对有心理障碍的学生进行悉心的引导，今后在面对同一问题时，学生们便不再紧张，这在一定程度上也提高了学生应对与解决问题的能力。

四、进行足球体能训练的具体要求

第一，足球体能训练的增长不是一天两天就能练就成功的，必须树立持久的体能训练观念以及持之以恒的心态，才能保证体能训练不断提升。第二，合理安排训练计划和内容，学生要结合自身身体情况，注重体能训练的协调与发展，重视体能训练的方式与专项体能训练的技能。教练员要针对学生不同的体能水平，制定针对性的教学内容，因材施教合理科学地安排各项体能训练，力争做到基本训练与体能训练的均衡发展。第三，体能与技能训练穿插进行，体能训练只有与技能训练穿插进行，其训练过程才富有趣味性，学生也不会为了体能训练单纯地进行体能训练，要做到以足球训练为目的体能训练，让体能训练充满快乐与刺激，让学生对足球体能训练有兴趣，并愿意坚持下去。

综上所述，体能训练是足球训练的重要组成部分，因此，高校中的足球教练员在提高学生体能训练的同时还要深刻理解和掌握足球体能训练的基本要领与技巧，这也是提高足球运动体能训练的前提与保障。

第五节 高校足球协调性训练

在教育体制不断改革的历程中，高校教育越来越重视体育教育。培养学生的灵敏思维和学习能力是高校教育的一方面，让学生拥有一个强健的体魄也是同样重要的事情。足球运动在高校体育课程中得到了重视，学生也喜欢参与足球训练，从而提升自己的耐力和毅力。足球运动是一项比较消耗体力的运动，在进行足球训练的过程中，高校教师要着重培养学生的运动技能，避免在运动过程中受伤。同样，协调性练习也是高校体育训练项目当中一个非常重要的练习项目，重视协调性练习能够帮助高校学生在足球训练中有更好的提升。

在本节中笔者以协调性练习在高校足球训练项目中的具体应用进行详细的论述，首先是提出高校足球训练课程体系的现状，指出一些问题，从而阐述高校足球训练体系中增加协调性练习的重要性，最后从重视协调性训练的教学目标、课程效果、器材维修、训练单个动作、训练组合动作和对抗练习这六方面指出协调性练习在高校足球训练项目中的具体应用方法。

一、高校足球训练课程体系的现状

高校足球训练课程体系中的最大问题还是足球教练受传统教学观念的影响，没有在训练过程中与学生建立良好的互动关系，使学生一味地沉浸在训练当中，却得不到运动技巧的精髓。大部分教练都是耗费很长时间为学生讲解理论，之后让学生根据自己对理论的理解进行训练，这并不利于学生提高自身的足球运动水平。在众多运动项目当中，足球运动是一个需要团体协作的运动，不能让每个运动员都依靠运动技巧和运动理论沉浸在自我训练当中。在一个团队里面，教练对运动员的影响是至关重要的，运动员之间的互动和相互了解也是非常重要的，团体运动相较于个体运动的优点就在于团队之间的协作能力，如果一个团队的协作能力不强，那么这个足球运动队的整体水平就会降低，这也是为什么要在足球训练当中增加协调性练习的原因，要尽可能帮助运动员提升协调性和团队协作能力。

二、在高校足球训练体系中增加协调性练习的重要性

（一）维持身体的基础运动

身体的基础运动需要协调性来保障，如果一个人的协调能力不强，尤其是一个运动员身体的协调能力不达标，就不能维持身体的基本运动，更何谈足球训练。足球运动需要依

靠手、脚等四肢，还要依靠眼、耳等器官，足球训练是对身体各机能的综合性训练。协调性在训练中的作用不言而喻，在传球和跑步的过程中，首先要用来保持身体的平衡和协调，而肩部和腿部的平衡与协调更要用来维持整个运动的平衡性。

（二）提升学生的学习热情

大多数学生对体育运动没有足够的兴趣，很有可能是因为其身体的协调能力不强，在做运动的时候总是做不好，久而久之就对体育运动产生了抵触心理。在体育训练中增加协调性练习能够帮助一些协调能力不强的学生提高身体的协调性，当学生身体的协调能力得到提高的时候，做一些体育运动就会感觉非常舒适，在这样的情况下，学生也会提高对体育运动的学习热情，尤其是在足球训练当中能够增加学生的训练激情。

（三）激发学生的运动潜力

在上文论述中，笔者也有讲到身体的协调性能力是进行运动训练的基础，当学生的身体协调性得到提高的时候，学生对于运动的热情也会增强，那么在这样的情况下，学生越来越喜欢体育运动，也能够激发学生的运动潜力。运动潜力是随着学生对运动喜爱程度的加深和运动项目的深入学习逐渐激发出来的。在足球训练的前期很少会发现学生的这种潜力，但在后期随着学生对足球运动的不断深入，教练慢慢就能发觉他们对于这项运动的潜力。

三、协调性练习在高校足球训练项目中的具体应用

（一）重视协调训练的教学目标

体育运动的训练都是分阶段的，每一个阶段都有不同的教学目标，足球教练要针对学生的整体情况和个体差异设置不同的阶段性目标来锻炼学生的协调性。协调性训练作为足球训练中的一项教学任务，它的目标是非常明确的，足球教练在制定相关训练大纲的时候，一定要提高对协调性训练的重视程度。每一个学生个体都有不同的协调程度，在进行训练的时候也表现出不同的协调性，要侧重于个体差异性，针对不同的学生设定不同的教学目标，使他们在体育运动项目中的技术动作更加符合标准，技巧也更加明确，着重提升协调性能力，协调性能力的展现也会随着学生对技术动作掌握的标准程度慢慢表现出来。

（二）重视协调训练的课程效果

在高校的足球训练课中，时间也是非常有限的。足球教练要利用好有限的训练时间，设置相应的训练计划，让学生在固定的时间内完成这些训练目标，并体现出相应的训练效果，使课程体系能够达到相应的要求标准。训练足球运动员的协调性课程效果要随着每一阶段训练任务的增强慢慢体现出来，在协调性训练的过程中，为学生营造一种良好的训练氛围使学生能够全身心地投入运动过程中，对技术动作的掌握更加明确，深刻体会每一项运动技巧和运动动作在具体实施过程中的作用效果。

（三）重视训练器材的维修保险

运动器材是学生进行运动训练的辅助工具，尤其是针对协调性训练，会用到很多运动器材，对这些运动器材进行定期的维护能够避免学生在训练过程中因训练器材的失修而造成的伤害。很多时候运动器材的专业性会影响到学生训练的专业程度，如果运动器材不够专业，协调性训练的效果会大打折扣，相反运动器材足够专业，训练协调性的效果也会有很大提升。为了保障高校足球训练课中学生的协调能力得到有效提升，要始终对各种训练器材进行维修。

（四）重复训练单个动作，加深肌肉记忆

对于单个动作的重复性训练是足球训练中必不可少的训练项目，不仅高校足球运动训练需要这样做，体校的专业足球运动员也需要进行这样的训练。主要内容是教练根据学生在平时训练过程中的一些单个动作进行拆分讲解，使学生充分理解运动技能，然后再进行重复性的训练。重复训练单个动作主要是为了锻炼学生的跳跃能力和腰部力量。在进行跳跃训练的时候，主要有前跳、后跳、蛙跳、纵跳、旋转跳等一些以跳为主的运动；在进行腰部力量训练的时候主要有弯腰和仰卧起坐这两项运动，不断锻炼腰部肌肉上的力量。通过对单个动作的重复性训练加深学生的肌肉记忆，者对提高他们的协调性是必不可少的。

（五）循环训练组合动作，加深训练效果

对组合性动作要进行循环训练才能够加深训练效果，使学生身体各部分能够熟悉运动技能的具体实践。组合性动作是由一组动作来组成的，分别有不同的动作组合。这些动作的速度一般都由慢到快、力量由弱到强，循序渐进地提高运动强度，使学生逐渐适应这个运动过程。循环训练组合动作能够使学生流畅且连贯适应运动项目，锻炼他们的协调性能力，对足球运动效果有一个整体的掌握。

（六）重视对抗练习动作，加深实战能力

对抗性练习是在整个足球训练当中最重要的练习项目，在这个运动过程中，主要是将学生分成几个不同的小组进行一对一的对抗练习。在对抗练习中对学生所使用的运动动作有明确的要求，必须做到一定程度才算达标。对足球训练的认知不能仅仅停留在自我训练中，而要将这些技术动作应用到具体的比赛项目中。在协调性训练方面，对抗性练习能够快速检查学生之前对于协调性练习的训练效果。进行情景模拟对抗训练，首先是停球的动作需要从胸部完成，然后在脚前进行卸球的动作，之后调整一下射门的角度，最后再完成射门。

在我国的高校足球训练课程体系中，很多教练都是以具体的理论为基础为学生进行拆分讲解，然后进行训练。从某种程度上讲，这并不利于锻炼学生的实战经验，这一现状随着现代教育体系不断深化改革已经得到了很大的改善。高校足球训练课程并不局限在兴趣的培养上，更多的是激发学生的运动潜力，使他们将足球运动作为终身追求的运动项目，

使我国的足球运动能够感染一代又一代的高校学子，使他们以自己的方式促进足球运动的发展，为足球事业做出贡献。

第六节　高校足球力量训练

核心力量影响着足球运动中各个环节的完成度，在足球运动中有着重要的作用，核心力量训练因此也成为高校足球教学中重要的一环。基于此，笔者结合自身多年的经验，结合各位学者的先进研究成果，通过分析核心力量训练在高校足球运动中的影响，核心力量训练在高校足球教育中的现状，进而探讨了加强高校足球教学中核心力量训练的要点。

随着《中国足球改革发展总体方案》的发布，国内各高校对于高校足球运动的大力支持，各位学者和教师对高校足球教学的研究和发展也有了很大进步。作为在足球训练和足球教学中最基础的核心力量训练，这一部分内容的研究和发展也得到了大力推动。高校足球运动员和高校教师对于高校足球教学中核心力量训练需要进一步发展也达成了共识。

一、核心力量训练优势

（一）核心力量训练的内涵

核心力量是指以人体核心区为支点所产生的综合力量。实际上对于核心区这一具体位置的定义，内外尚未得到统一。普遍认知为脊柱、腰部、髋关节、盆骨、下肢近端等多个部位及周围的肌群整体。人体在进行运动时，肌肉群相互配合以协同作用，发力、协调、传导等动作的精准高效完成就对人体核心力量有着一定的要求。核心力量训练就是以人体的核心区域的肌群为目标的力量训练形式。

（二）核心力量训练对于足球运动员综合能力的提高

核心力量训练可以提高学生的稳定性、平衡性和协调性，并且有效预防运动损伤。足球运动中有许多高难度动作是在身体运动不稳定的情况下，突然快速地完成。所以这些动作就对人体的核心力量有着非常高的要求，只有确保核心肌肉群得到了充分的锻炼，学生运动员在训练时才能获得使动作更加高效、精确、完成度更高的稳定性、平衡性和协调性。同时可以增加运动过程中的肌肉灵敏性、收缩力量、反应速度。肢体和肌肉习惯更加科学的发力方式和运动姿势，在运动过程中也保持着肌肉群的稳定性，减少足球运动员在运动过程中的身体适应力，减少负荷，预防运动过程中造成运动损伤。

（三）核心力量训练与传统力量训练对比

核心力量训练和传统力量训练的器械、训练状态、训练目标、训练理念都完全不同。传统力量训练在于身体在相对稳定状态下，针对身体局部肌肉或单块肌肉，达到预期力量效果而进行的训练。而核心力量训练是在身体不稳定状态下，进行的有针对性的区域性目标的训练。事实上，在实际的运动训练中，只有二者相结合、互相促进、协调发展才能达到更好的运动训练效果。

二、高校足球核心力量训练发展现状

核心力量训练这一重要且极具优势的训练项目是在 21 世纪以后才由医学康复领域引入运动训练中。国内高校足球的发展大部分受到了学生足球运动员的比赛成绩的制约。为了使足球运动快速获得成绩，高校足球教学更侧重于可以看到明显效果的技巧和技术。另外，受教师素质或校内支持度等因素的影响，足球教学中的力量训练也更加侧重于传统力量训练。囿于高校足球教学对于核心力量训练的研究进展，高校足球教学中对于核心力量的训练亟待发展。

三、高校足球加强核心力量训练的要点

（一）规范、科学、有针对性地设计训练方案

设计学生足球运动员的运动训练方案要符合人体运动的客观规律性，充分考虑训练目标，实施运动训练的客观条件。所设计的运动训练方案必须符合每一个学生运动员的自身需求和身体状况，既是学生运动员自身可以承受的，又是可以促进学生运动员保持高水平竞技状态的，甚至可以是学生运动员提升竞技能力的。方案的设计要和客观实际相结合，考虑客观的训练场地条件、器械数量和质量、运动员恢复水平等因素，循序渐进、有针对性地设计符合青少年身心发育规律的运动训练方案。运动训练设计方案应该有创新性，紧随科学发展，能够体现训练目标。

（二）加强学生理论知识的学习

事实上学生运动员不愿意、不主动学习体育理论知识是高校在足球教学中的一大难题。由于一直以来对运动员文化思想教育的忽视，以及高校足球运动员的生源问题都使得高校的足球教学中体育理论的教学是备受忽视的一环。体育理论知识的学习可以使得学生运动员对于运动训练方案、运动训练目标有着更深刻的理解，也使教师对于学生足球运动员的教学达到事半功倍地效果。学生运动员在理论联系实践的过程中也可以取得更大的进步。对于自身的运动过程、运动状态也可以有更加清晰的认识。

（三）加强高校对基础训练的重视

高校足球训练应该摒弃完全、片面、极端地追求短期成绩的目标的训练方式。这种训练方式就像是空中楼阁，在短期进行提升之后，无法进一步获得提高。所以高校的足球运动训练应该对核心力量的基础训练更加重视，结合传统力量训练和技术技巧、意识、战略战术的学习。充分、全面地提高学生足球运动员的综合素质水平，为学生足球运动员的职

业未来发展做出充分的考虑。

综上所述，随着国家和社会对足球运动的大力发展和支持，对于足球运动训练的研究的不断发展，科学有效地进行高效、高水平的足球教学，是顺应时代发展的潮流趋势。在这种环境下，足球运动训练中的核心力量训练的重要性也随着科学研究的发展而不断提高，高校足球训练中的核心力量训练的需求也不断增加。加强高校足球教学中的核心力量训练，不是要取代其他训练和教学，而是要互相结合，取得最好的教学成果，从而提高学生足球运动员的综合能力。

第七节　高校足球代表队训练

高校足球队是国足的重要新生力量源泉，它同时也是中国足球发展的重要组成部分，是国足的未来和希望。可是现实却总是与理想相违背的，多数高校球队水平偏低，这主要因为球员没有接受系统化的专业训练，球员多数情况下只是在比赛之前进行短时间的集训，然而平时却缺乏专业训练，这样大大降低了球员们的水平、阻碍了球员们进步，而且让高校联赛的水平停滞不前。这样的现状对提高国足的水平是极其不利的，所以各高校要加强对球员的培养。中国足球走出国门是所有中国人共同的梦想，但是国足近几年在世界的大舞台上的表现却不是那么乐观，这紧紧地牵动着国人的心。也正因如此，各高校足球队备受人们的关注。高校足球队是国足的后续补充力量，教练员应该注重对球员的综合素质培养，让球员充分接触先进的教学思想以及教学方案，并且对球员进行系统化的培训，让他们跻身于世界先进水平的行列。

一、我国高校足球及球员训练状况

（一）我国高校足球发展状况

自从我国开始举办全国大学生足球联赛以来，我国各高校对于足球的热情是只增不减，这也使得高校足球联赛逐渐走向职业化。同时各高校也交出了优异的答卷，如 2005 年北京理工大学在全国乙级联赛中冲甲成功，2010 年三峡大学冲甲成功。虽然高校球员们的战绩优异，但是这远远没有达到作为国足的后续力量的要求。此外，他们与国外的水平还相去甚远，这主要还是因为我国高校对球员的训练不到位。

（二）高校足球训练状况

球员身体素质普遍不够好，再加上训练方法不科学（多数高校只会在临近比赛之前才会对球员进行集训，然而球员的球技是不可能在短时间之内大幅度提升的）就导致了球员在球场上不占力量优势。而且这种临阵磨枪的方法忽略了球员之间的默契训练，而更多地训练球员的个人能力，在战术上只要求快，却没有注重球员之间的配合训练，球队的整体水平也正因如此而大打折扣。

足球基础战术训练不到位，球队不注重球员的战术理念培养，这往往会导致球员缺乏配合意识，出现赛场上单打独斗的局面，从而降低球队的进攻效率。

二、提高高校足球代表队训练效率的策略分析

足球运动需要球员进行大量的跑动，这对球员的体能要求非常高。此外，足球赛场上还存在大量的身体接触，如果没有强壮的身体，那么在赛场上就绝对处于劣势。好的身体素质对球队的质量起着极其重要的作用，因而球队需要科学的训练方案来提升球员的身体素质。以下就是几种不错的训练方案。

（一）耐力训练

有氧耐力训练：有氧耐力训练以长跑为主，可以跑 3000 米、5000 米、10000 米等不同距离的耐力跑。此外还可以进行不同距离的间歇跑，如 100 ～ 200 米间歇跑，400 ～ 800 米间歇跑。

无氧耐力训练：短距离反复跑：跑距分为 50 米、80 米、100 米、120 米、150 米等，一般要求为快速跑，每组 3 ～ 5 次，重复 3 ～ 4 组即可。间歇行进间跑：行间距可分为 30 米、60 米、80 米等，采用计时进行的方法，每组 3 ～ 4 次，重复 3 ～ 4 组。变速跑：快跑与慢跑结合进行，采用 50 米慢跑、50 米快跑、100 米慢跑、100 米快跑的组合方法。反复变向跑：根据教练的口号进行前后左右的快速变向急速跑，每次进行两分钟，3 ～ 4 次为一组，重复 3 ～ 4 组即可。

（二）力量训练

上肢力量训练：杠铃弯举：每次 20 个，3 ～ 4 次为一组，重复 3 ～ 4 组。俯卧撑：每次 20 个，3 ～ 4 次为一组，重复 3 ～ 5 组，可以适当地增加重量来加大训练难度。

腰腹力量训练：平板支撑：这个动作主要锻炼核心肌肉群，应该尽可能支撑到力竭为止，这个动作做 3 ～ 4 次就可以了。杠铃硬拉：一次 12 ～ 15 个，3 次为一组，重复 3 组即可。

大腿训练：负重深蹲：每次 20 ～ 25 个，每组 3 次，重复 3 次即可，负重力量因人而异，最好先小重量练习，再大重量练习。蛙跳：100 米来回蛙跳，这个动作 3 ～ 4 次就可以了。

（三）训练原则

大力量训练最好保持在每周 2 ～ 4 次，训练是要注意动作的标准性，防止意外受伤。

（四）重视基本技术训练，巩固技术要领动作

技术训练首先需要初步了解动作要领，这需要教练对动作进行精细化讲解，为球员建立完整的技术动作概念并理解动作要求，让球员深刻体会技术动作的练习方法。技术训练又分为以下几个阶段。

讲解阶段：教练必须用专业术语对球员进行动作讲解，将技术动作的名称、要领、特

点、易错点等重点通过简单易懂、生动有趣的方法让球员高效吸收、运用。此外，还要让球员在学习的过程中有所启发，在学习经典动作的同时可以衍生出自己独特的技术动作。

示范阶段：通过示范的形式可以让球员更好地明确技术动作的要领，这也是最直观的教授方法。示范的动作要求规范、标准。首先，教练可以将整个技术动作进行一次完整的演示，然后再将动作细分，将易错点分离出来与正确动作进行对比，同时给球员指明动作错误的原因所在，并且提出纠正方法。

模仿阶段：教练讲解技术动作要领之后就需要球员们进行实际模仿练习，刚开始可以进行无球练习，让肌肉对技术动作产生记忆性，然后再进行带球练习。这样由易到难的训练可以很好地让球员建立一个完整的技术动作概念。在模仿的同时，球员可以互相纠正错误，或者教练在一旁进行指导，对于易错的技术动作，球员可以根据自身的情况将其分离出来单独训练，在熟悉之后再和其他动作结合起来练习，这样可以提高球员的训练效率，同时提高训练的质量。

技术巩固阶段：在初步掌握技术要领之后需要球员对动作进行巩固，以免忘记其中的要点。巩固的方法一般以练习为主，通过不断的练习才能将技术动作很流畅地运用，最终将经典动作据为己用。在巩固练习中同样可以采用由易到难的形式进行练习，球员首先要加强对球感、球速、方向等的练习，在能够完全把握球感之后就可以适当加入一些动作干扰来增加练习难度，这样有益于球员判断变速、变相的时机，从而更好地带球突破。

提高技术阶段：这一阶段主要是提高球员对技术动作的实际运用能力，以加大训练密度、参加比赛的方法为主。高强度的训练能帮助球员巩固技术动作的要领，同时加上在实战中的运用可以让球员发现技术动作在实际操作中的不足，从而及时对动作进行纠正。这样能很好地培养球员的战术意识，提高球员的综合能力。

（五）巧用战术训练，培养球员攻防配合能力

建立战术理念：足球比赛是一个团队比赛，它对团队战术配合要求极高，如果球员没有战术理念，那么他们在比赛时就只会各顾各地进行持球进攻，这样必然会影响球队的质量。在构建战术理念之前需要让球员了解战术的基本特点，教练可以对某一比赛中采用的战术进行分析，叙述其中的队形变化规律及其作用，让球员对自身在球队中的位置有一个明确的定位，让他们生成战术配合理念。除了讲解之外，教练还要要求球员做战术练习（以书面形式即可），让他们对教练做的战术方案以及对战术板上的专用图形有所了解，避免在比赛中无法了解教练提供的战术。

基础战术训练：基础战术训练应该从进攻配合开始教学，然后再进行防守配合教学。进攻配合教学一般先从简单的两人配合战术开始，然后再进行三人战术配合训练并以此类推。在进攻配合练习中，球员要熟悉进攻配合的基本作战线路和方法，在球员对战术有所理解之后便可以在训练过程中加入对抗干扰，以此增加配合难度，刺激球员们的配合热情。这样的基础训练可以培养球员的战术意识、战术思维以及对战术进行及时变更运用的能力。

全队战术训练：全队战术练习对球队的攻防队形以及配合方法有极高的要求，球员通过全队战术练习可以更好地加强他们的进攻配合能力，同时也可以加强进攻防守的能力。掌握全队攻防战术，需要球员在攻守对抗的环境下熟悉球队战术队形以及战术路线，只有在掌握了攻防战术的前提下才能更好地破解对方的攻防战术队形，为球队争取获胜的机会。

良好的个人身体素质以及球员之间的战术配合是一个球队立足之根本，只有对球员的训练进行严格把关，才能让球队的能力突飞猛进。因此各高校要掌握先进的教学思想，引进先进的训练设施，加强球员的战术配合教育，提升球队的整体水平，为国足积累后续力量，力争冲进世界足坛的大舞台。

第八节 高校业余足球运动员体能训练

足球是世界热门运动，很多高校也有很多学生喜爱足球运动，学校也组建了高校业余足球队，从而提高学生的综合素质。可是高校业余足球运动员，没有充足的训练时间，且缺少专业系统的体能训练，导致在进行比赛的时候，在比赛最后阶段，运动员已经失去了战斗力。本节针对我国高校业余足球运动员体能训练的现状及重要性进行分析，且提出提高运动员体能的训练策略，为教练提供训练参考。

一、高校业余足球运动员体能训练现状

足球运动员的体能训练研究，截至目前，基本都是针对专业足球运动员的研究，对高校业余足球运动员的研究确实没有得到重视。高校业余足球运动员的训练强度及训练时间比专业足球运动员少很多，他们以文化知识的学习为重，所以在足球运动上缺乏系统全面的训练。通常的训练方法、计划及手段都选择短期内完成，并且保证训练质量，对运动成绩造成直接影响。在足球运动中，运动员的主要功能方式包括有氧代谢与无氧代谢相互结合，高校体育教师对运动生理生化方面的相关知识没有很好掌握，并且在安排训练计划的时候没能充分考虑运动员的自身条件，训练方法不得当，对高校业余足球运动员的体能训练产生严重影响。

二、体能训练对足球运动员的重要性

（一）足球运动员体能训练的目的性

必须有计划、有目标地进行足球教学，对学生进行系统化体能训练，那么足球教学一定要有完善科学的教学体系，将学校体育发展与学校发展相结合，制定正确的发展目标。体育训练主要作用在于提高学生的身体素质，重点提高学生的体育技能、身体素质、体能、道德品质等。因此在开展足球教学的时候，要充分考虑课程的安排与结构，制订科学合理

的运动计划，提高教学质量。

（二）足球运动员体能训练的健康性

人才的综合素质包含身体素质，所以体育教学是高校教育的重要组成部分，培养学生的综合素质已经成为当今高校教育的主要模式，在体育教学中注重体能教学，提高学生身体健康教学。高校业余足球运动员的身体锻炼，目的在于提高学生的身体素质，足球训练不仅注重技巧的练习，更要结合器材条件、场地条件以及运动员本身情况，加强体能训练，培养学生的安全感及意志品质。

（三）足球运动员体能训练的科学性

开展足球教学的过程中，文化知识的传播离不开教师，学生的知识绝大部分来源于教师的教授，教师本身的专业技能与人格修养直接关系到学生的自身修养与技能知识，足球教师作为教学的主体，学校的体育文化建设离不开他们。所以，足球教师应当受到足够的重视，促进学校体育文化的建设。足球运动员进行体能训练，应当组织开展科学的运动项目，不仅是锻炼学生的身体体能，更是培养学生的综合素质。

三、高校足球运动员体能训练的内容

（一）力量素质训练

人体进行运动的基础是力量素质，足球运动是一项长时间、大强度的运动，快速奔跑、长时间的奔跑比较多，对身体能力有较高要求，所以足球运动员必须具备良好的力量耐力与快速力量素质。

1. 快速力量的训练

人体肌肉的收缩速度与收缩力量决定了快速力量，肌肉需要极可能并尽快地发挥出力量，快速地克服外界负荷。在运动员完成一个动作的时候速度越快，用的力量越大，速度力量的表现也就越大。在训练过程中，加强肌肉速度与肌肉力量两方面的锻炼，从而提高速度力量的训练效果。在进行快速力量训练的时候，应当恰当处理动作速度与负荷重量的关系，尽量符合专业训练条件、要求。不论是提高速度的时候减少负荷，还是在增加力量的时候降低速度，抑或是在快速力量训练的时候提高速度的同时增大负荷，必须对动作速度及负荷做好协调。如果在进行快速力量训练的时候，负荷重量太大，将对动作速度产生影响；如果负荷重量太小，很难使快速力量得到表现。在快速力量训练的时候，必须做好力量与速度训练的协调。也可不负重进行训练，主要是通过克服自身体重来进行训练，例如，深蹲跳、蛙跳、纵跳、跨跳和阶跳等训练方式。在进行训练的时候，一定要做好安全工作，预防训练中受伤。

2. 力量耐力的训练

足球运动员的力量耐力由多种因素决定，主要包括呼吸系统、供氧血液循环与工作肌耗氧机能能力，运动肌群的协同有效进行工作的能力以及无氧代谢机能能力，同时运动员自身意志克服身体疲劳的品质。另外，运动员的力量耐力和最大力量也存在密切联系，运动员在相同负重下完成动作的次数由自身的最大力量决定。最大力量越大，完成的次数就越多，从而力量的耐力就越好。实践教训证明，循环训练是进行力量耐力提高的重要方法。在进行循环训练的时候，必须确保训练的强度与训练的密度在进行训练的时候不能有间断休息，或是不限制训练时间，但是必须保证进行一至三组的训练。加强训练强度的主要方法是增加重复次数或增加负荷，在负荷与重复次数不变的情况下缩短每组训练所用的时间；间歇休息的时候可通过心跳速度进行计算，当心跳速度降到每分钟 120 次时，就可以进行下一轮力量耐力循环训练。

（二）速度素质训练

足球运动员在进行足球比赛的时候需要不断地进行迅速跑位、抢断球等，对运动员的速度能力有较高的要求。站在训练的角度上看，速度包括位移速度、动作速度与反应速度。位移速度又是由绝对速度、加速跑速度与启动速度组成。在足球运动中的跑动与田径比赛运动有很大区别，不仅需要向前冲刺，还需要侧着跑、向后跑、闪躲跑等。这些跑动都对足球运动员的速度训练提出了各种要求。在足球运动员的速度训练中速度耐力、加速跑速度与起跑速度都是训练的核心。在训练中的主要方法是速度耐力、变速跑、冲刺跑与起动跑等。起动跑就是在最短的时间内从静止的状态到最高的运动速度，在足球运动中摆脱防守、迅速跑位都依靠良好的起动跑能力。通过各种棋牌训练来提高起动跑能力。在足球运动中，拥有良好的变速跑与冲刺跑能力才能确保战术配合与快速放手的有效性。通过短距离快跑是锻炼冲刺快跑的重要手段。速度的耐力指的是大幅度、高速度的单个运动速度耐力与高速加速跑的速度耐力。在训练中要处理好专项速度训练与一般耐力训练之间的关系。

（三）运动耐力训练

在足球运动过程中，需要高强度长时间的活动，对运动的耐力至关重要。运动的时间与强度、距离与速度是矛盾且统一的。运动速度快，运动的距离一定会短；运动强度大，运动的时间必然短。可是，在足球运动中，不仅需要长时间的运动，且需要进行大强度的运动。不仅要进行长距离的奔跑，还要快速度地奔跑。决定足球运动员体能运动耐力的主要因素是功能系统的机能能力，就是指快速力量与高强度力量、耐乳酸工作的能力；在足球比赛的过程中将自身潜力充分地发挥出来。

（四）心理机能的训练

足球运动员的意志品质与心理机能是运动员整个训练过程的重要组成部分。随着足球运动的不断发展，高校业余足球训练日益受到重视。在激烈的比赛中，常常出现最后的艰苦对抗，靠运动员的意志力与身体素质来坚持到最后，良好的心理机能是提高胜利概率的重要条件。在运动员进行训练的时候，训练运动员忍耐身体疲劳的心理机能，在运动中保持稳定的心理状态，通过神经系统将运动员的机能潜力充分挖掘出来，顺利完成训练及比赛的能力。意志是条件、自我调节是方法、愿望是动力，三者相结合。

在高校业余足球运动员进行体能训练的时候，教练员需要根据学生的实际情况，在不影响学生学习的情况下开展体能训练，为足球战术服务与足球运动本身特点制定训练的方法及训练计划。在训练的时候，一定要深入每个细节，全面开展训练活动。尤其是世界足球发展已经十分成熟，但还需全国足球工作人员共同深入研究，提高运动员体能训练的方法，从而提高我国足球水平，加强高校学生综合素质培养。

第三章 高校足球训练能力的培养

第一节 高校业余足球训练中主体性的培养

高校业余足球训练中，要重视基本功的训练，也要注重提高大学生对足球战术的修养，但更重要的是保持和发展大学生对足球的兴趣。在这方面，一窝蜂式的"野球比赛"具有重要的意义。这种分组对抗形式，不仅对提高大学生对足球的兴趣有重要的价值，而且，只要适当引导，并在这个过程中进行有机的足球基本功的训练，还能提高大学生足球比赛的战术修养。

一、现状分析

实践中，许多教练只是注意到"野球比赛""毫无章法"可言，持断然否定的态度，而忽视了它的真正价值。事实上，若运用得当，对业余球队训练来说，将起到事半功倍的效果。由于片面地强调训练的正规性，强调抓好大学生的基本功，导致对"踢野球"的盲目抛弃。颠球 100 次，脚弓传球 100 次，运球几十组，射门 100 个等是一些业余球队训练的基本内容。对足球运动本质缺乏足够的认识，使球队的训练陷入了盲目性，一会儿抓体力，把大运动量搬进来；一会儿抓素质，大练滚翻、体操。对完成当中的动作技术无暇顾及，结果技术动作变形，训练效果难以保证。更严重的是学生兴趣不足，带着一种不得已和无可奈何的态度勉强坚持，使原本喜爱的运动成为一种负担。

足球运动是一项集体运动项目，取胜需要发挥整体的力量。即使是球星，离开了队友的支持，单枪匹马也难现光彩。但球队又是由若干个队员组成的，每名球员的竞技水平直接影响整体成绩。球星是足球队的核心，拥有特长或绝招比同伴技高一筹，在比赛中起到别人无法替代的作用。实践证明：只有训练有素的队伍和出类拔萃的球星完美结合，才能取得比赛胜利。大学阶段的足球训练中，充分运用"野球比赛"就能使大学生在足球训练中领悟到个人表现与球队整体的关系。更重要的是"野球比赛"在训练中的运用大大提高了大学生足球运动的兴趣，提高了大学生对足球技术的主动性。所以，有必要科学地分析"野球比赛"的价值，以便"野球比赛"在训练中有效地运用。

二、"野球比赛"在大学生足球训练中的重要意义

分析"野球比赛"的实质，可以发现它其实是一种符合大学生年龄特点的足球训练方式，所以我们可以从大学生和训练两个角度来认识"野球比赛"的价值。

（一）"野球比赛"是大学生展现自我的舞台，全身心投入训练的动力源泉

"野球比赛"无疑可以为大学生提供一个相对自由的展现舞台。教育应该为大学生提供一个发展个性特长的机会，对足球训练来说更为重要，因为它本身就是一项要求集体与球星完美结合，取得比赛胜利的运动。对于大学阶段的足球训练来说，我们应该让大学生有这样的机会，人人都尝试成为球星。大学生对符合自身特点的训练方式当然表现得有兴趣。当过球队教练的老师都会有这样的体验，如果连续几次、几周专练基本技术，专项身体素质，那队员肯定有"真没味""老师比赛吧"，这样那样的俏皮话儿，这是大学生的特点。足球本身就存在着强烈的趣味性，而且大学生足球训练教材里也提出要注意趣味性。怎样体现训练的趣味性，怎样使大学生的兴趣得以长时间的保持，是值得我们研究的课题。基本动作做漂亮当然也会产生兴趣，但它属于派生兴趣，不是持久兴趣。而"野球比赛"以"一锅粥"开始到以后有章法，这种从对抗竞争中产生的兴趣是强烈的，极易形成持续兴趣。有些业余球队曾猛练带球、颠球、传球、停球、射门、过人等，可是一上场，还是"一锅粥"，更有甚者导致一些学生练得不主动或离开球队，因此要充分发挥学生的主体作用，要用比赛强化大学生的兴趣。总之，兴趣是成功的先导，兴趣是专注的基石。通过比赛这一磁石把学生们组织起来，会使我们的训练出现活泼、生动的局面。

（二）"野球比赛"是向学生传授足球理论知识的有效渠道

人们曾幽默地说"足球是圆的"，以此来作为没有答案的答案。没有一场比赛是按书本教程展开的，所以也不应该有照本宣科式的足球训练。正确的书本总结了足球规律性的东西，而这些规律性的东西如何灌输到队员中去应该有个合适的渠道，"野球比赛"就是这样的一个有效渠道。在比赛中，有时他们传球、过人不好，但他们去传、去过它们了，说明他们有这个需要。接不好、过不好，能跑到一个位置"去接、去传、去过"，这也是通过比赛增长的本领，是可贵的意识。这时候教练要做的，只是如何指导他们把这一切做好。如在场上发现某个队员射门姿势不对或传球时机跟进接球不理想，教练可以及时停下比赛，进行讲解、示范，同时让学生当场重练（个人练、集体练），这样促使队员本身加强基本功训练，针对出现的问题去练就对了，体现了练与赛相结合的特点。事实上发现问题，拿出具体的改进办法，正是教练的职责。好的足球书籍应该当字典使用，教练遇到难题去找解决答案，而决不能照本宣科，否则就把学生教死了。

三、"野球比赛"的运用策略

"野球比赛"具有积极意义，那是不是就把大学生足球训练的基本点立足于"踢野球"？

当然不是。而恰恰相反，教师本身就是以尊重大学时期学生的性格、生理及心理特点，从尊重足球运动本身特点出发来专述"踢野球"方法的可取性。进行有位置、意识、简单战术配合的全场练习才是我们的目标。要达成这样的目标，需要教练在"野球比赛"中对大学生进行有效的引导。实践中应该注意以下问题。

（一）加强"野球比赛"过程的指导

在"野球比赛"的价值中应该看到"野球比赛"有一定的自发性，大学生踢球更多的是凭着自己的感觉。所以，要加强"野球比赛"过程的指导。一是教会大学生怎么做。像在比赛中进行基本功训练一样，针对特定的问题，分析问题解决的方法，从而使比赛逐步走上有序的轨道。二是让大学生知道为什么要这样做。主要就是向大学生传授一些足球的理论知识。这样的理论知识传授，不是枯燥无味的，大学生听得懂，记得住，又有利于他们能马上指导自己的训练。

有教练指导的"野球比赛"，才能更好地掌握足球的规律性的东西，才能学会在比赛过程中相互协作，才能养成良好的战术意识。

（二）向有位置、有意识、有战术配合的更高层次训练努力

注意"野球比赛"过程的指导强调的是教练对大学生的知识传授，这里更强调的是大学生在训练中对掌握知识的运用。经过一定阶段以后，要向学生明确比赛是一种集体对抗，而不是个人的冲锋陷阵，每个人在场上都应该有自己的位置，每一个动作都应该有自身的目的，要重视和队友的配合，根据大学生的个性特长来调配他们在场上的职能。使比赛慢慢地脱离开始的自发状态，更符合实战的需要。尤其是较早、较系统训练的队，在一定时间的"野球"后，更不能一味依赖"野球比赛"这种训练方式。

"野球比赛"是从大学生的实际情况出发，在特定的阶段进行的一种足球训练方式，随着正规战术配合，正确足球意识的建立和培养大学生的兴趣当然也要发生改变，我们有必要选择更合适的方法。只有通过训练去进行比赛，通过比赛发现问题回到训练中去纠正、提高，再到比赛中强化、巩固。

第二节　高校足球队训练中足球意识的培养

一、足球意识概念

什么是足球意识，书本上讲的是："足球比赛中球员进行技术和战术活动时的意识。"其实这种说法没什么表现力。为什么意大利人因扎吉总是能在对方的禁区里准确地找到足球的落点，并且选择合理的技术动作去处理足球；为什么齐达内、哈维、梅西他们总是可以很自然地把来球停好，然后不间断地又把球传向另一个队友；为什么罗纳尔多可以1个

人突破 2 个防守队员，然后在另外 2 名防守队员的包夹里非常迅速地转化成背身护球，而后脚腕细腻地触球，冲出重围。这些其实都属于足球意识。直观地说，在足球比赛中，在适当的时间里，出现在了恰当的位置上，做了合理的技术动作，这就是足球意识。

二、影响高校足球队学生足球意识的因素

运动员在比赛时所采取的每个行动，都是足球意识的一种表现。影响学生在场上的足球意识的因素有很多，主要分为主、客观两方面。主观因素包括学生专业和文化知识的水平、执行技战术的能力、比赛的阅读能力、学生的意志品质、性格等诸多因素。客观因素则是教练员的训练水平、管理水平、足球理论知识水平、学生训练的态度以及训练的环境场地、器材及训练的负荷、训练内容等。主观因素与客观因素都尤为重要，对于这些因素学生和教练员都必须引起重视，加强足球意识的培养，不断提高自己，以便实现突破。

三、高校足球队学生足球意识低下的原因

（一）学生的足球专业水平参差不齐

对于目前我国许多高校的足球队而言，大多数队员的足球专业水平普遍偏低，很多学生都是在进校以后才开始接触足球，早一点的也仅是在读高中或者是初中时才接触到足球，接触到足球的学生少之又少，除了在参加体育高考时，必须要练习的足球考试的内容，几乎没有完整地接触过足球。接触少，接触晚，了解便少，理解便差，那么会导致足球技术低下以及足球意识极度欠缺。大多数学生都没有参加过正式的学生系列的比赛，对于足球相关的理论知识理解得更是少之又少，所以许多高校校队的学生，踢起比赛来，就像是小学生玩游戏，一窝蜂，聚一团，没有基本的阵形，也不是很清楚基本的站位，完全是混乱的。他们对于足球的理解太肤浅，所以高校的比赛很缺乏战术的体现。

（二）学生执行比赛的技战术能力偏差

在国内有一些专业院校，专门成立了足球学院这样的二级学院，这些院校的足球队队员的技术能力相对于一些普通院校足球队的学生而言显得更专业化一些。但是在与一些高水平的球队进行比赛时，队员们所体现出来的技战术的执行力普遍偏差。主要是因为，队员们在平时训练中的训练负荷不合理，以及训练的态度不够认真，投入度不够，还有就是受一些教练员的管理水平及执教水平的影响。所以，在球场上遇到有对抗的时候，无法展现出较好的技能，在处理球的时候，选择运用的技术动作不合理，所以在运用战术时，总是会出现偏差，导致无法很好地完成战术要求，所体现出的也是足球意识的缺乏。

（三）学生的意志品质问题

近些年高校足球队的学生，相较于之前的学生普遍心理素质偏差，意志品质薄弱，不够坚强，稍显矫情。而足球这项运动，需要有坚强的意志力，顽强拼搏的精神，因为它是

一项竞技性运动，竞技性就一定会有输赢，过程固然重要，但是如果每次都输掉比赛，相信其对于足球的热情也会递减。而很好地去执行比赛中技战术要求，打出精彩的战术配合，这需要有吃苦耐劳的精神，只有队员不辞辛苦地来回奔跑，才有可能换来也许只是一次的得分或者制造威胁的机会。而选择合理的跑动位置、选择合理的战术配合，这些基本要求就要求学生要有一颗坚定完成任务的心。如果怕苦怕累，就无法很好地去完成战术要求，也无法去增强足球意识。

（四）高校比赛中整体战术配合意识薄弱

许多高校之间的联赛，更多体现出的是个人的技战术，水平较高一些的高校可以上升到局部的战术配合，但是整体战术配合的意识是少之又少。许多高校的配合基本上在一两个人之间完成，或者是 3 ~ 4 人之间，无法把球队从后场到中场再到前场串联起来，要不就是只打一边，要不就是只攻中路，变化太少，配合不够默契，失误过多，导致比赛的观赏性不足，这也影响着球员的积极性。许多球员过于在意个人意识的表现，而没有团队意识，这样的状况很大程度上反映了学生对正确的足球意识缺乏认知。

四、高校足球队学生足球意识的培养方法

（一）加强学生足球理论知识的学习

正如前文所说，只有不断加强学生足球理论知识的学习，才能提高他们对足球的基本认知，只有拥有了对足球的基本认知和了解，才能给予他们有关足球意识的灌输。不然他们是无法真正去理解跑位、战术配合、转移、分边、直传的。也只有多学习足球相关的专业理论知识，才能提高他们对比赛的理解，提高他们阅读比赛的能力，不断从理论中去结合实践，以增强自己的足球意识。

（二）有针对性地增加足球意识培养的训练内容

教练员在安排日常训练内容时，应有针对性地合理安排一些与足球意识相关的训练内容，让学生通过不断地实践练习，去体会足球意识的内涵，去养成培养自己足球意识的习惯。例如，加强学生在球场上的无球跑动，加强学生之间的配合练习，训练他们抬头踢球，让他们养成大范围转移的习惯。这些都是提高足球意识的重要训练环节，只有不断地练习，他们才能习以为常，在正式比赛中，才能展现出他们的足球意识，打出精彩的比赛，完成教练员的战术要求。

（三）增加比赛次数

教练员在日常训练中，应当主动地去与业余球队进行比赛。练为战，光练习，而没有比赛，是无法提高学生训练积极性的，也无法及时地发现学生的技战术问题，无法增加学生的实战经验。所以，让学生不间断地进行比赛，而不只是一味地进行对内对抗赛，学生才能在球场上不断积累比赛经验，通过与对手的交锋，才能看到自己的优势与不足，从而

让他们清楚认识到自己的问题，在日后的训练会有针对性地去改善和提高。从另一角度而言，足球终究是要放到比赛中去踢的，所有的训练内容也应当从比赛中去获取，而后通过不断地训练提高，再回到比赛中去检验。足球意识的培养正是如此。

第三节　高校女生足球兴趣的培养

足球运动是结合了竞技、艺术和乐趣的一项运动形式，是融合教学及训练的健身团队运动，在大学体育教学中普遍开设的一门体育课程。然而，由于多方面因素的影响，目前高校女生对足球运动的兴趣点不是很高。本文通过分析女大学生足球兴趣的影响因素，在教学过程中有的放矢，并结合实际情况提出具体有效的改进对策，做到以提高足球兴趣为突破点，以掌握基本技术作为重点，为足球运动在高校女生群体中能够健康发展提供一些建议。

一、影响高校女生足球兴趣的因素分析

（一）缺乏足球理论知识及正确思想认知

由于高校女生从小几乎不接触足球，对足球基本知识相对缺乏，不理解学习足球运动的意义，以至于她们从内心对足球产生排斥，认为足球是一项高难度的运动项目，自己根本不可能学会踢足球。因此，在高校女生群体中开设足球教学课通常无法达到应有的效果。

（二）自身生理与心理因素的顾虑

高校女生大部分年龄在 18 ~ 23 岁之间，她们的生理与心理功能正处于发育成熟阶段，因此，在众人面前让她们踢足球，她们往往感到胆怯，害羞，缺乏自信心。而她们的心肺功能和其他生理机能相对于男生较弱，反映在身体素质上比男生要差，再加上女生月经期带来的不方便，让本身就缺少足球正确认知的高校女生对足球产生了不同程度的焦虑和排斥，从而导致高校女生不愿意动或害怕上足球课。

（三）足球教师缺乏经验，自身素养不够

足球教师的专业性指导水平不高也是高校女生足球兴趣偏低的重要因素。这里提到的足球专业指导水平是指针对高校女生身心特点所展开的教学模式研究和教学方法应用。与男生不同，女生作为一个特殊群体，对足球的认识和接触并不是很多。如果足球教师不从女生自身特点出发而是盲目进行课程教授，那么在教学效果和学习积极性上都会受到一定的影响。

（四）教学方法与手段单调枯燥

教师在授课过程中，通常技术动作练习方法缺少创新性。与其他球类教学相比，足球

课的教学内容与组织方法比较单一和枯燥，这样不容易调动起学生学习的积极性。另一方面，教师的教学模式一般为"讲解—示范—练习"，学生在这个过程中可以初步掌握技术动作，但受课堂时间限制，学生缺少技术动作演练实践部分，没有机会在游戏或比赛中体会动作的真正奥妙和内涵，这样学生学习的兴趣也会慢慢消失。

（五）足球运动宣传力度与配套硬件设施不足

随着近年来高校人数不断增加，学校运动场地等硬件设施数量与学生人数不成正比。结合高校女生身心特点和足球发展特征，推进高校女生足球发展的配套设施尚不完善。同时，高校女生足球的发展应紧跟科技发展的步伐，运用多媒体技术辅助足球运动宣传和教学的顺利开展。

二、高校女生足球兴趣培养对策研究

（一）加强高校女生足球理论课教学改革

在足球理论教学中，本着科学严谨的教学态度，从高校女生美、娱、趣的心理特点出发，结合其生理特征，在教授足球理论课的同时，可安排如足球文化、足球运动保健及足球科学发展理论等相关课程，从而促进高校女生参与足球运动的积极性和主动性，增强她们在足球运动过程中的科学化和保护意识，消除内心对足球的排斥和恐惧，使她们大胆参与到足球当中来，让足球运动成为推进高校女生身心健康发展的用力工具。

（二）掌握高校女生身心特点，合理安排教学内容

结合高校女生身心特点和多年教学经验，足球课应选择难度适中，对身体刺激强度较轻的练习动作。课堂运动量和运动频率便于学生自我调节，通过学习练习足球技术动作使学生身体得到全面锻炼，使相应运动器官健康发展。在教学过程中教师应多采用启发、鼓励、循序渐进的教学方法。在课堂组织上采用多变、多样、多层次的编排方法，充分调动起学生学习的积极性和主动性，使她们对足球的偏见产生改变，变"要我踢"为"我要踢"。充分发挥高校女生的创造性和独立性，提高她们对足球课的兴趣。

（三）加强足球专项师资队伍的建设

足球教师的积极性如何、专业素质的高低，直接关系到所带学生的足球教育和健康成长，它直接影响整个足球教学质量及素质教育的全面实施。首先，加强教师足球文化素养、基本运动能力与健康方法，提高足球教师自身专项能力水平，熟知足球技战术并能通过有效方法传授。其次，加强教育思想和教育观念构架，这将是激励教师全身心地投入教育工作中的强大驱动力。足球教师的教育思想和观念首先体现在对于足球课程重要性的认识上。最后，足球教师应努力提升自身理论与业务水平，广泛吸取新的足球教学方法和信息，了解新的足球发展动态，使足球教学具有新颖性、融合性和创新性。

（四）教学方法、模式的灵活与创新应用

定期对足球专项课老师进行培训，明确高校女生足球课的教学目标、教学内容与教学方法及考核办法，不同年级的学生应区别对待。老师们应研究如何找到适合女生特点的足球教学方法，如何使她们真正从足球当中找到快乐。比如，在平时的教学过程中可以将教学内容与游戏或趣味比赛相结合，使学生得到快乐的同时还能学到足球的技术动作，从而增强她们对足球运动的认知和兴趣。在考核制度的制定上应以考查学生综合素质为目的，在技术考核时应降低考试的难度，强调学生对自我学习的检验、评价和应用能力的考核。因此，如何设计出较为人性化的考核标准；如何开展"五人制"或"四人制"的足球趣味比赛，这些都是足球专项老师需要思考和学习的。我们最终的目的就是让女孩子"爱玩"的天性能够充分发挥到足球课堂上来。

（五）在比赛中培养学生的竞争意识

足球运动属于危险性高、身体接触多的全身活动，在运动的过程中难免会出现身体碰撞，尤其是在比赛过程中。而对于高校女生在进行足球比赛的过程中本身并不愿意有太多的肢体接触和身体碰撞，这需要教师在日常教学过程中对学生有意疏导，加强她们对足球竞赛规则的学习理解，使她们认识到在比赛过程中她们是受竞赛规则保护的。在教学中通过足球游戏或小场地的足球比赛，来巩固学生的足球技术动作，对于基本功较好的学生可以进一步增加足球战术意识的培养，通过正确的技术动作和合理战术意识的增强，使学生在游戏和比赛过程中能够保护好自己的身体并控制自身犯规动作的产生。同时，在比赛过程中有意控制过多规则限制，让更多的学生参与到活动中来，让她们切身感受到足球所带来的乐趣和活力。在比赛过程中让学生理解每一个技术动作，老师及时指导学生如何完成正确动作，让她们在同伴当中展现自己的才华，敢于暴露自己的弱点，对于错误的动作勇于积极改进，这样会形成良好的教学氛围，以确保学生能在宽松、快乐的学习环境中把一些单调的技术练习变成一项活泼有趣的集体竞赛活动。在教学比赛中通过与其他同学直接配合和交流，以及与对手之间的争抢和身体接触，则会提高学生的竞争意识和团队荣誉感。

综上所述，改变大学女生对足球运动的态度，提高她们对足球的兴趣和爱好，一定要以她们特有的生理、心理特征为基础，寓情于教、循循善诱，让她们感受到参加足球运动对自己的身心的满足感和成就感。在教学过程中，教师通过改进教学内容，充分利用足球器材与设备，提高教师自身素质等措施，提升大学女生参加足球活动的热情，养成参与足球运动的良好习惯，培养她们终身体育锻炼的意识，全面增强大学生的体育运动能力。

第四节　高校足球公修课对学生足球意识的培养

本节通过文献资料法、专家访谈法和逻辑分析法对高校足球选修课中对学生足球意识的培养进行了分析，阐述了足球意识的概念及具体表现，分析了现阶段高校学生足球意识方面存在的问题，提出了通过理论学习、技术训练信息化等手段培养学生的足球意识。

足球比赛是一项集体性非常强的同场竞技项目，它不仅要求参与者具备良好的身体素质、技战术水平、密切的配合，而且要求参与者具备优良的足球意识。足球意识的培养与技、战术的运用有着紧密的联系，在教学、训练和比赛中直接支配和调节运动员的运动行为，因此如何培养和提高学生的足球意识与提高学生的技术、战术水平具有同样的意义，而常规高校足球教学却没有重视对学生进行足球意识的培养。因此加强对普通高校学生足球意识的培养成为当前亟待解决的课题。

一、研究方法与对象

（一）研究方法

主要采用文献资料法、专家访谈法和逻辑分析法，将文献的有关资料、专家访谈的结果进行整合，根据相关理论知识提出理论观点。

（二）研究对象

以高校足球教学对学生足球意识的培养为研究对象。

二、研究结果与分析

（一）足球意识的概念

意识是人脑的机能和属性，是人对客观存在现实的主观映像。这种主观映像具有感觉、知觉、表象等感性形式，也具有概念、判断、推理等理性形式。足球意识是指在复杂、多变的比赛过程中，球员及时准确地观察场上的情况，随机应变，迅速并正确地决定自己的行动和与同伴配合的能力。足球意识是学生对足球客观规律的正确认识和反映，通过教学、训练和比赛可以得到提高。足球意识的好坏直接反映着学生足球水平的高低。

（二）足球意识在比赛中的具体表现

运动员的足球意识在比赛中具体表现为运动员根据场上的攻防转换采取合理、有效的进攻、防守行动。在进攻中，无球队员要合理跑位、接应；有球队员要审时度势，进行传球、突破过人、射门等。防守时根据本队的部署及对方的进攻特点采取有效的行动；在场上，要根据裁判员的判罚尺度及对方的战术特点，还要尽快适应场地天气、观众等。总之，足球场上的一切活动，都要求运动员是在有意识的情况下合理、有效地完成。

（三）高校学生足球意识存在的问题

1. 技术运用不合理

学生在学会一种技术后，常常不论技术运用是否合理，是否有效，都只机械地模仿，生搬硬套，缺乏技术运用的目的性，随机应变灵活运用性较差。

2. 传球时机掌握不准确

在很多时候，有球的学生只顾自己行动，不注意观察场上攻防同学的跑位，以致忽视与同伴接应，进而影响进攻配合的时机。这种传球意识不仅使进攻的效果差，而且会制约学生相互间的意识发展。

3. 选位、跑位意识不强

在教学比赛中，经常出现众多学生围挤成堆现象。总是球到哪里，人群就拥到哪里，位置感较差，不能按位置职责进行跑动，缺乏选位、跑位的意识。这种现象在新生足球教学课中表现得尤为突出。

4. 整体配合意识差

足球比赛是集体配合的运动，无论是进攻还是防守都要求全体队员相互协作，常常是某一学生的行动，得不到同伴的积极主动配合，在比赛中这种忽视整体配合的行为往往会给全队带来损失，导致全队的失败。

5. 攻防转换意识慢

足球比赛自始至终就是攻防相互转换的过程，这就需要学生始终保持高度的随时攻防转变的意识。在教学中大部分学生往往是自己的角色已变，却不能立即采取相应的行动投入或攻或守的战术配合之中。

三、在教学中对学生进行足球意识培养的方法

（一）注重学习足球基础理论知识，加深对意识的理解

在教学中应加强对学生的理论教学，使学生弄清战术意识的含义。在理论学习时应着重明确只有突破对方的防线才有射门得分的机会；只有保住自己的防线不被对方突破，才有可能不丢分，因此战术的最终目的是突破或守住防线的问题。比赛中进攻队员要利用各种积极的行动去创造三个条件：第一，不断制造传球、射门角度；第二，超越对手的可能；第三，接球时的空当。反之，防守队员则要尽可能不给对手以上条件。

（二）训练要技术意识化

技术意识化就是在足球技术训练中把意识融入技术中，增强运动员对技术的理解，提高其在比赛中技术的实际应用能力。运动员不仅要熟练地掌握技术动作，而且要了解在千变万化的比赛情境中如何灵活合理地运用技术，为技术动作注入思想活力。

（三）战术训练中的意识培养

首先从基本的战术开始，无论是进攻战术还是防守战术，队员要在头脑中有一个清醒的认识。其次在训练中，要向运动员讲明如何进行落位、选位、跑位传球及接应队员的跑位时机。为了使队员之间形成默契，队员之间要充分利用眼神及肢体动作，并在一个战术套路训练中能够灵活多变，最后在比赛状态下，进行战术演练，使其运用自如。

（四）理解规则，吃透规则

足球比赛是在一定规则的约束下而进行的比赛活动，运动员在场上的一切行动都要在规则的范围内进行。因此，对规则的认识与理解的程度对于队员及球队在场上的发挥起着很大的作用。所以，在训练中，应加强对规则的深入学习和理解，使队员对足球比赛有更全面的认识，提高对比赛的支配和掌控能力，进而增强球员的足球意识。

随着足球运动的不断发展，足球意识对一场比赛胜负的作用越来越重要。要提高大学生的足球水平，除了提高大学生的身体素质、足球技术外，还必须加强足球意识的培养；而足球意识的培养是一个长期的过程，要求我们既要不断实践、总结经验，又要多上理论课，加强学生对足球理论知识的学习和掌握，这对提高学生的足球意识尤为重要。

第五节 高校足球选项课学生裁判能力的培养

足球裁判是学校足球教学、训练和群体竞赛不可缺少的内容，本节对高校足球选项课学生裁判能力进行探讨，有目的、有计划地培养和提高学生的裁判能力，从而更好地完成足球选项课的教学任务和进一步推动高校足球运动的发展。

足球运动是具有丰富文化积淀和精神财富的社会文化现象，在高校体育教学中占有重要的地位。在高校体育教学中，足球运动普遍开设在大学一年级和二年级体育选项课中。足球运动成为大学校内开展最为活跃和参加人数最多的运动项目之一。但是受固有传统教学模式的影响，在足球教学中重视技术教学忽略理论教学，学生对足球理论知识掌握甚少，尤其是规则和裁判法方面，这直接影响到高校足球运动的规范发展，在此背景下，本节对学生足球裁判员在高校中的必要性进行探讨，同时提出如何培养和提高学生足球裁判能力的途径和有效方法。

一、学生足球裁判员在高校中的必要性

（一）大学校园足球比赛，需要大量的学生足球裁判员

校内足球竞赛活动丰富多彩。目前高校内由于足球课的设置和高水平足球队的引入，使校园足球活动开展得很活跃，很多院系的足球竞赛活动已经列为每年举行一次。

校际足球比赛交流开展活跃。1989年经国家教委批准成立的大学生体协足球分会，各个省市大部分都成立了各地的大学生足球协会，各地的大学生足球协会负责安排每年本地区高校足球活动计划，并组织本地区足球竞赛和裁判员的培养训练工作。

近年来随着体育教学改革与全面健身的需要，为让大学生在学校期间学会和掌握一到两项锻炼身体的运动项目，目前全国高校体育教学都普遍开设了足球选项课，有的学校在学生通过足球选项课后，还开设了以进一步提高技术水平为目的的选修班，有的学校还专门开设了足球竞赛规则及裁判法选修课和裁判员培训班，通过考核选择了一批三级足球裁判员。

（二）在高校足球选项课中，培养学生裁判能力的社会效益

在高校足球选项课中培养学生的裁判能力不仅是完成足球教学任务的需要，除此之外，还具有较高的社会效益。

在足球选项课教学中，加强裁判能力的培养，有利于促进学生正确地掌握和应用足球技术，从而更好地指导他们实践，通过学习使学生具有足球特长，使其终身受益。

在足球选项课中加强裁判能力的培养，使他们不断从事裁判实践，可以提高学生从事社会实践工作的组织能力和管理能力，这也是当前素质教育的需要。

在足球选项课中加强学生裁判能力的培养，从长远看，学生毕业后，将成为工作岗位上的足球骨干和积极分子，为推动社区的体育活动和全民健身计划的实施起到积极作用。

二、学生足球裁判员培养的方法和途径

（一）在足球选项课中加大足球理论课的教学力度

足球理论课是足球选项课的重要组成部分，而足球规则、裁判法又是足球理论课中不可缺少的重要内容。这一点必须在足球选项课教学计划中充分体现出来，在安排好其他足球理论知识教学的同时，要有计划地安排好足球规则的具体教学内容和时数，从而保证足球规则和足球裁判法教学落到实处。另外，在足球理论教学中需要系统地讲解以下问题：①足球基本技术的动作规格、要领，易出现的错误和发展变化；②足球常用的战术组成特点和发展趋势；③足球裁判规则、裁判法的精神实质；④足球裁判员在比赛中自始至终都是通过裁判手势来进行工作，在理论课教学中需要讲清楚裁判手势的要求和注意事项。通过以上教学措施，能加深学生对足球基本理论的理解和掌握，为培养和提高学生的裁判能力从理论上做好准备。

（二）在技术教学中，结合实际加强足球规则、裁判法教学

在足球选项课教学计划中，每学期理论课的时数有限，而仅仅依靠少量的理论课时数进行足球规则、裁判法的教学是远远不够的，也不可能达到提高学生裁判能力和圆满完成足球理论教学的目的，因此在足球的技术教学中除按照大纲、教学计划进行基本技术战术

的教学外，还应结合基本战术的教学实践，有计划地进行适当的足球规则和裁判法的教学。在每节技术课中安排五到十分钟的时间结合技术实际，讲解规则和裁判法的内容或者进行裁判手势练习，这样就能从技术课中获得一定的理论知识，使学生的理论和实践结合起来，易懂易记。同时，学生在出现对规则或者裁判法不清楚的时候，教师应该正确指导。

（三）在技术教学中有计划地组织裁判实习

足球选项课教学时，当学生掌握一定的足球技术后，在选项课中适当地安排一些教学比赛是十分有必要的。教学比赛尽可能安排学生进行裁判实习，让学生在实习中发现问题、提出问题和解决问题，经过师生的共同讨论，达成共识，从而提高学生对裁判法的理解和使用，更好地服务于实践。另外，通过教学比赛裁判实习可以发现裁判人才，对他们进行重点培养，使他们成为教学和群众体育活动的骨干和积极分子。

（四）充分利用先进的电化教学，观看和讲解足球规则、裁判法等知识

电化教学与其他教学方法相比，具有形象性，有利于知识的掌握和技术的形成，有利于激发学生兴趣，使学生更多更好更快地掌握足球的基本战术和裁判技能。在足球选项课教学中，适当地组织学生观看一下足球基本技术教学和国外高水平的比赛，在观看的过程中，教师可以结合片中一些代表性的问题进行有针对性的讲解，加深学生对问题的理解和掌握，从而更有效地提高教学效果和学生的裁判能力。

（五）定期开设足球裁判员培训班和足球裁判专题讲座

在足球选项课中，提高学生足球裁判员的培养和裁判能力，应该纳入教研室的教学计划之中，进行统一管理，为了更快更有效地提高学生裁判能力，可以定期组织各式各样的裁判员培训和专题讲座。请有经验的专业足球教师任教，通过这样的形式不断地提高学生对足球规则、裁判法的理解和掌握，不断地丰富学生的临场经验，不断提高学生的素质，也为基层开展足球运动培养更多的裁判员。

在足球选项课中，加强学生裁判能力的培养，不但丰富了课堂教学内容，而且对教师提出了更高的要求。要教好学生，教学需要不断地学习，加强对理论的研究，才能不断地提高教学水平，完成好足球选项课的教学任务。

总之，通过以上的论述，高校学生裁判的培养工作显得非常重要，实践证明学生裁判能力的培养在足球选项课中不可缺少。学生足球裁判应作为足球选项课的重要内容来抓，通过理论的教学和实践结合的原则，采用多种方法、多种途径去实施，并踏踏实实地做好各项工作，就能有效地提高学生的足球裁判水平和能力。大学生足球裁判员走上社会后必将成为社会足球运动的一支力量，为"全民健身计划"的实施奠定基础。

第六节　高校足球运动员运控球感知能力的培养

从心理学、运动生理学和运动训练学视角，对高校足球运动员运控球感知能力种类、作用、感知过程及其培养方法进行了探讨，提出了在高校足球运动员的教学与训练中应重视和加强运控球感知能力的训练和培养。

在足球比赛中，运控球技术是突破对方防线，维持控球权，选择进攻时机，获得传球及射门机会的重要手段，由于赛场瞬息万变，运动员运控球的同时对运动赛场的感知能力显得极为重要。感知能力的研究是心理学的重要领域，良好的运动感知能力对运控球技术的提高有促进作用，在日常的教学与训练中，可以提高运控球战术的实效性和目的性，提高其对比赛出现的各种变化或不利情况的心理适应能力，充分发挥自己的技战术水平。

一、运控球感知类型

运控球技术动作通常是由运球方法的选择和准备、跑动中的间断触球、为下一个动作的连接做好准备三个环节组成，每个环节都离不开运动员对现实情景的观察感知。运控球队员要根据球速、球运行路线、防守队员抢断位置、队友的移动和跑位等迅速感知攻防路线，选择合理、实用的运控球技术。

二、运球控球感知应答过程

在足球比赛中运动员运球控球感知应答过程实质是运动员对运控球技术在比赛中的作用的认识过程，在这个过程中运动员感知赛场变化、传入反馈信息，进而在战术思维的参与下，选择更为有效的行动方法。首先，对比赛场景的感知。运控球在比赛中可以变换攻防速度，掌握比赛节奏，吸引防守，传球为队友创造机会。因而需要运动员感知到视野范围内的那些与主观意向有关的攻守对抗信息，这样才有可能在临场情况发生突然变化时迅速采取措施，将球控制到所需要的位置上去。其次，瞬时的思维判断和决策意向。运动员在感知比赛场景的基础上必须在瞬间完成对比赛场景的分析、综合等思维过程，不能表现出犹豫不决的倾向。应根据临场情况需要使用合适的部位去接触球，并使足球始终处在自己的控制范围之内。为了达到这个目的，必须决策如何避开或越过防守，决策接触球的力量及球运行的方向。最后，准确合理的行动应答。行动的主动性是足球运动员意识水平和实战对抗能力的标志，行动只有在一定意向的引导下才能成为有目标的主动行动。运球控球任务结束后，球所处的最佳位置，身体应处于何种状态更有利于传球或射门，这需要在运控球即将结束时迅速做好行动应答，这种应答是在运控球过程中自然协调下进行，从而使得运控球与传球或射门一气呵成。

三、高校足球运动员运球控球感知能力的培养

（一）在教学训练中增加球感练习

球感是队员能够比较精确地感受球的重量、弹性、体积以及控制球的反弹力、飞行速度、方向和变化的能力。球感是学习和掌握运球、控球技术的前提条件，是运动员感知能力的具体表现，足球的每一项触球技术都离不开球感，因此球感理所当然地被认为与有球队员有关，球感练习很容易被解读为熟悉球性练习，如颠球、挑球、盘球、拉球等练习，其实无球队员的跑位和意识也存在球感问题，无球队员要根据球速、球的旋转、球飞行和滚动的路线判断球的落点，抢占最佳接、停球位置，并根据双方队员场上位置和战术方针做好接球后预想技术动作的准备。可以说球感练习存在于足球的每一项技术之中，存在于有球和无球队员之中。球感的培养需要教练员和运动员对足球项目制胜规律有全面、深刻的分析认识，球感练习内容和形式应多样化，尽量选择一些游戏性和趣味性的内容和方法，寓教于乐增加新鲜感，提高学生的学习兴趣，让学生能够自觉、愉快地学习体会足球的快乐。

（二）观察力的培养

作为稳定的个性品质之一的观察力，主要是指在知觉过程中善于全面深入正确地认识事物特征的能力。观察力是运动员应具备的主要智力因素，培养运动员观察能力十分重要，运动场上的信息多是转瞬即逝的，观察能力差的队员看到快速变化的场景会眼花缭乱，无所记忆，得不到思维材料，由此引发的行为只是盲动，表现在观察力差的运控球队员的行为是比赛场景变化时该突破时不突破，该传球时不选择传球，该射门时不射门。培养观察力最基本的方法就是在比赛和训练中布置观察任务，传授观察方法，培养观察习惯，培养学生积极的观察态度。在平时的训练比赛中强调多抬头观察场上的情况不要只顾看球，要拓宽视野。同时，队员应加强自己的足球理论学习，掌握足球运动的规律和方法促进观察力的发展，因为观察的成功与否主要依赖观察者的知识经验，观察前有关足球知识准备越充分，观察就越易进行，观察的效益就越高。相反观察进行很困难，也不会取得应有的结果。

（三）提高无意识运球控球能力

运球控球时队员如果眼睛只盯着球，不能随时观察感知周围的情况，就不能根据临场情况及早采取相应措施，这主要是队员无意识运球、控球能力差和习惯性低头造成视野狭窄。因此运控球队员应学会用眼睛的余光去观察或用脚去"感觉"球，这样就把眼睛解放出来，提高无意识运球控球能力，才能适应比赛场景的需要。无意识是指那些不需要注意来调节的神经中枢控制机能，运动员只有经过大量练习和经验积累，运控球才能逐步脱离意识控制，进入无意识控制状态，成为无意识机能控制的自动化操作过程。加强技术训练是提高无意识运球控球能力的根本，要使队员在对抗条件下能够自如运用技术，并达到用

眼睛的余光来看球，以随时观察场上可能出现的变化，并做出应变的反应。在教学训练中，教练员要有目的、有意识地强调要求，队员运球控球练习时要让队员把目光离开球，观察感知周围。

（四）感知能力的培养体现在战术要求中

运控球技术是控制球移动速度的主要手段，是控制比赛节奏的保障之一。有机会时运控球队员可以快速运球逼近或突破防线，机会不好时可以放慢运球速度等待同伴接应，寻找机会进攻。机会的把握取决于队员对赛场信息的感知和取舍，对感知信息的有效感知和选择直接影响其"单边作战能力"和"协同作战能力"，因此队员运球控球感知能力的培养要体现在战术体系训练中，运控球的目的之一是配合全队的战术行动。战术行动是一系列思维—动作的耦联，是各种感觉能力和知觉能力的充分组合和动员。例如，在运控球过人教学训练中，开始时教某一运球过人动作，当有一定的基础后就应提出应用上的，即个人战术方面的要求，即比赛中何种情况下该用这一运球过人动作、何种情况下不该用、过人之后又该怎么办等，何种情况就是要求队员对现场的正确感知。在局部战术的教学与训练中，要特别注意增强运控球队员的个人战术意识，如某一传切配合，运控球队员用何种方法摆脱，何时该突然加速，如何与跑位队友在传球时机、落点、力量上配合默契，这些都应不断反复地进行训练。战术执行要求队员要有创造性的思维，创造性思维是建筑在感知能力基础之上的，从这一角度来说感知能力的培养过程也是创造性思维形成的过程。

第七节　我国青少年足球教练员执教能力的培养

青少年足球教练员不同于竞技足球教练员，青少年足球教练员的培训主要针对的培训是学生，青少年足球教练员的执教能力主要包括教学能力、训练能力、赛事组织能力、技术能力、创新意识、信息处理能力等。当前存在着很多的问题，需要究其根源进行变革，才能有所成就，有所创新。

一、青少年足球训练员执教能力的现状

自 2015 年开始了青少年足球训练员培训，目前已经在大部分省市形成了具有一定层次的培训体系，并利用暑假的时间对各地的青少年足球训练员进行了培训，虽然取得了一定的成绩，同时也暴露了很多的问题。只有做好了前期的开头工作，后面对于青少年足球教练员的培训才更具有科学性、实用性和合理性。当前的青少年足球教练基本上足球运动水平都不均衡，甚至有不少零基础的人员。目前的青少年足球教练员培训过程中存在一些问题，如培训对象的选择、教材的选择、培训的评价与激励机制等。青少年足球教练员的选择，其实没有完全按照实际情况来进行选择，没有经过精准的定向来进行选择，有着各

种各样的因素，如非体育专业、非足球专业教师，这样进行人员选择其实是一种资源的浪费现象，同时达不到既定的培训目的。当前的青少年足球教练员培训课程没有统一的教材，往往都是以视频资料作为教材，交流学习有一定的局限性，同时缺乏合适的评价机制。

二、青少年足球教练员执教能力培养的发展策略

（一）明晰足球人才培养目标

遵循《中国足球改革发展总体方案》的具体精神，普通高校要进一步深化体教结合，强化科学教育、锤炼意志和健全人格，促进高校足球方面的学生执教能力全面发展。首先，加强品格教育，培养学生对足球教育事业的态度和精神，提升爱岗敬业、钻研足球教学、服务学生的奉献意识。其次，强化足球基本知识及教学技能，培养学生系统掌握足球文化的发展趋向，认识足球运动的规律和特征，为以后从事青少年足球教育、训练、竞赛打下扎实的理论基础。最后，培养学生熟练掌握足球基本技战术的教学、训练方法，培养组织训练、竞赛、发现问题解决问题的能力，能够准确地示范、描述、讲解足球的技术动作、专门练习及身体训练方法，为从事青少年足球教学和训练奠定良好的技能基础。

（二）进一步提升足球教练员的自身素质和专业素养

事实上，在我国现有的青少年足球人才培养体系当中，足球教练员发挥的作用主要有两个：第一是球队管理方面；第二是球员训练方面。所以说，作为基层的青少年足球教练员在实际进行足球管理的时候一定要从青少年的学习过程出发，着力发掘具有潜力的足球人才，而后对其进行必要的针对性、系统性的训练。另外，我们在实际进行训练的过程中，一定要注意培养学生的坚强意志和积极向上的态度。所以说，基层足球教练员自身的素养是相当重要的，要能利用不同长处的球员进行必要的战术安排和系统性的培训。

（三）建立和不断完善青少年足球教练员的培训制度体系

没有规矩不成方圆，将制度作为保障教练员培训的基础。青少年足球教练员执教能力的培养要从多方面进行研究细化，如选材、过程性管理、激励机制、结果考评等。要想有着较好的培训结果就需要对培训对象进行有效的选拔，同时通过惩罚与激励机制来对整个培训过程进行规范。

（四）实行定期培训，促进培训常态化

建立培训的常态化机制，确立定期培训方案，把最新的足球知识、技能及先进的理念及时传授给教练员，促进教练员在实践中尽快运用新理论，促进技能与方法创新能力提升。定期甄选优秀的青少年教练员赴国外进一步培训，加深与足球强国的交流与合作，以缩小国内与国外理论、技术、训练方法等方面的不足。同时，聘请国外优秀的青少年教练员参与国内教练员培训活动，紧密结合我国青少年足球的技战术实际，在对国外教练员考核的基础上，促进足球发达国家的优秀教练担任培训工作。

总而言之，足球是一项世界性项目，有众多爱好者和支持者。然而，对于我国来说，足球整体事业发展得不是十分理想，投入相当大的人力和资源却没有得到很好的回报。事实上，足球是一项培训体系十分严谨的运动，需要从小培养，坚持科学地锻炼。青少年足球作为我国足球的一个重要培训和储备基地，起到至关重要的承接作用。所以说，新时期，我们必须进一步加强青少年足球教练员的执教策略，从合理发展中不断创新，这样才能更好地促进和壮大我国足球事业的发展。

第八节　高校足球训练中对运动员心理素质的培养

足球是一项非常受欢迎的体育项目，有着广泛的群众基础。在我国高校，很多大学生都是足球迷，愿意参加足球队，进行足球训练。而在高校的足球训练过程中，教师常常将足球技术、技能教学放在重要的地位，而忽视了对大学生心理素质方面的培养和教育。要想提升高校足球教学的效率和质量，高校足球教学必须将运动员的心理素质教育也重视起来。

随着国家"全民健身"战略的提出，我国国民都积极地参与到体育锻炼当中，老年人有老年人热衷的体育运动项目，小朋友有小朋友喜欢的运动项目，而对于高校中的大学生来说，足球运动是他们很多人不变的热爱。在我国的很多高校，都开设了足球教学课程，学生的参与程度也比较高。随着足球教学在高校的发展，其中存在的一些问题也逐渐显现出来，给高校足球教学的发展造成一定的消极影响。长期发展下去，不仅不利于学生足球技能的提升，同时也会影响运动员心理素质的提高，从而影响足球教学的整体质量。

一、高校足球运动员心理素质的内涵

作为高校足球运动员，其心理素质状况主要受到两种因素的影响，即先天的因素和后天的因素，在两种因素共同作用下，形成了运动员的真正心理素质。具体来讲，高校足球运动员的心理素质主要包括：其一，心理潜能素质。这种心理潜能素质是基础，是其他素质得以存在的保障。这种潜能素质并不是自己会展现出来，是需要后天的训练和努力激发出来的。而如果受一些后天因素的影响，不能把潜能素质激发出来，那该运动员将不具备潜能素质。其二，心理特点和心理品质。这种心理特点是每个运动员天生具有的，其外在表现形式也非常有特点。与心理特点相比较，心理品质则不是天生的，是需要后天训练和培养的，一个运动员具备良好的心理品质，能够给他的行为带来积极、正能量的指引，促进运动员向着好的方向发展。其三，心理外部行为。运动员的外部行为是其内在的心理反应。一个运动员的外部行为，可以成为检验其心理素质水平的有效方法。总而言之，高校足球运动员的心理素质包含了几方面的内容，可以成为他们进行心理训练的着手点。加强对大学生足球运动员心理素质的培养和训练，激发他们的心理潜能素质，提升他们的心理特点和心理品质，对推动高校足球教育的发展具有重要的意义。

二、我国高校足球训练与运动员心理素质培养的现实状况分析

（一）当前高校足球训练的实际情况

足球运动是一项深受大众喜爱的体育运动。在我国的高校教学体系中，足球教学也被纳入了正规教学的范畴，高校足球教育的质量，已经成为衡量该校体育教学水平的重要指标之一。当前我国很多高校的足球训练教学尚存在一些突出问题，需要引起各方面的重视。其一，缺少科学、合理的足球训练计划。当前很多高校的足球训练仍然依照团队的方式而开展，训练计划比较随意，缺少计划性，而训练方式也没有严格的规定，缺少了科学性，很大程度上影响了高校足球训练的实际效果。另外，很多教练员不能依据运动员的实际身体情况和足球基础情况，进行合理的训练安排，而是所有人开展相同的训练项目，这样对激发运动员的运动潜能，提升运动员的训练水平起到了一定的阻碍作用。其二，缺少训练团队的参与。在我国高校通常都是足球教练员对球队进行管理，没有专业的管理团队进行参与，因此在球队的管理上和训练上，缺少一定的规范性和专业性，不利于球队的快速发展。其三，高校的足球基础设施建设落后。众所周知，足球训练对训练场地具有一定的高要求，不仅要体现出标准性，还要凸显安全性，否则就会对训练效果造成一定的影响。现实中，很多高校足球训练的基础设施严重不达标，维护不到位，存在一定的安全隐患。

（二）运动员心理素质的培养现状

在高校的足球教学中，对运动员心理素质的培养工作并不重视，很少专门针对心理素质进行的教学课程和训练课程。强大的心理素质，不仅有利于个体运动员激发自身潜能，促进长远发展，而且有利于整个足球团队提升整体的水平和能力，取得好的比赛成绩。在我国的很多高校，足球训练的重点在理论知识、基本技能、比赛战术等方面，对心理素质的培养是少之又少，这对高校的足球教学发展是不利的。

三、对我国高校足球运动员进行心理素质培养的有效途径分析

（一）增强大学生对足球的认知

进一步增强大学生对足球的认知，可以激发他们的责任感，提升他们的努力程度和参与训练的自主性。增强大学生对足球运动的了解和认知，对培养他们良好的足球意识发挥着积极的促进作用。其一，高校要重视足球教学，加强对足球基础知识和基本技能的教学，并不断强化足球精神对运动员训练起到的积极促进作用。对足球教学中暴露出的各种问题，教师一定要重视起来，和运动员一起分析和研究，找出问题的症结并进行改正和完善，推动足球教学和足球训练的更快提高。其二，培养大学生运动员的足球意识，可以强化他

们对足球运动内涵的理解和感悟。这里的足球感悟内涵较丰富，既包括了足球运动员对足球的熟悉程度和认知程度，又包括了对足球文化和足球精神方面的认知和了解。深刻的足球感悟，能够提升运动员的认知，促使他们在足球训练中全力以赴，取得更好的训练效果。

（二）采取有效措施加强对运动员心理品质的培养

足球运动员具备良好的心理品质是非常关键的，因为良好的心理品质决定了运动员心理素质的强大，在足球训练中或比赛中，能够发挥重要的作用，甚至决定着整支球队最后的成绩。对运动员心理品质的训练，主要体现在意志力的训练上，包括运动训练的自觉性、训练的自控能力、运动员的主动性及勇气培养等。其一，在实际的足球训练过程中，教师要有意识、适当地提升训练的难度系数，并给他们制造一定的训练阻碍，达到对他们意志力进行磨炼的目的，增强大学生运动员的勇气，培养他们不怕艰难困苦、勇于拼搏进取的足球精神。例如，有的高校足球教练员专门在特殊的天气环境中，带领运动员进行训练，例如大风天、下雨天等，其目的就是有意识地培养足球运动员的坚强意志力。其二，在实际训练过程中，足球教练员也会适当地增加训练的强度和训练量。依据运动员的实际身体状况，采取逐步增加的方式，开展难度增减训练，这也是一种磨炼运动员意志力的方法。其三，对运动员的果断心理品质进行训练。在这方面的训练中，教练员常常采用的训练方式是进行紧急的训练，将运动员置于一种突发的状况当中，训练他们处变不惊的能力、准确的辨别能力、清晰的判断能力及果敢的抉择能力等。在足球比赛中，这种果敢的心理品质是弥足珍贵的，往往在关键的时候，发挥着重要的决定作用。因此，在比赛训练中，教练员要有意识地重点训练运动员的心理品质，这将对提升足球运动员的综合素质和综合能力发挥积极作用。

（三）培养良好的心理自我调节能力

不管是足球运动员也好，还是普通的大众也好，具备良好的自我心理调节能力是非常重要的，对个人的身体健康及未来发展都是有益处的。作为一名足球运动员，无论在训练过程中，还是在实战比赛当中，都会遭遇到各种各样的突发状况或者比赛状况，只要运动员具备良好的自我心理调节能力，就能够快速调整心态，不会受突发状况的影响，继续正在做的事情，好像突发状况并没有影响到运动员正常状态。而如果足球运动员不具备心理自我调节能力，一旦遭受到突发的状况，就会慌了阵脚，心里一团乱麻，不知道如何是好，对手头的训练或者比赛将造成严重的消极影响，甚至对队友也造成不好的影响，最终影响训练效果或者比赛的结果。因此，加强对足球运动员的自我心理调节能力的训练是非常有必要的。其一，运用自我暗示的方法。当面对各种突发状况时，足球运动员就可以运用自我暗示的方法，在心理自我开导和自我说服，最大限度地摆脱外界情况对自己造成的消极影响，放平自己的心态，尽量做到处变不惊。其二，运用调整呼吸的方法。这种方法比较简单，在日常生活中我们很多人也经常使用，通过调整呼吸，尽量做出深呼吸，就能够在一定程度上让人放松下来，缓解紧张的情绪，使心情能够尽快恢复到常态。这种训练方法简单而有效。其三，做一些简单的体育动作。足球运动员通过做一些简单的体育动作，使肌肉能够适当拉伸，从而有效地转移自己的注意力，达到放松心情，调节心理的作用。这种训练方法也是很简单的，但是其实际效果是非常明显的，能够让他们在遇到各种复杂情况的时候，尽快恢复到放松的状态。

（四）足球运动员要保持正确的训练态度

在高校的足球教学和训练中，培养运动员良好的心理素质，就要教育他们保持正确的训练态度，这对于良好心理素质的培养也是非常有用的。足球运动员只有保持了正确的训练态度，清楚了自己的训练目的，才能在心理素质的训练中取得良好的训练效果。在高校足球训练过程中，教练员要将培养运动员的心理素质工作当作一项重要的工作来抓，帮助运动员端正训练的态度，并且保持下去。

综上所述，在高校的足球教学中，培养运动员良好的心理素质至关重要，必须将这项工作重视起来，并落到实处。培养运动员良好的心理素质，可以有效增强运动员的心理承受能力，使其可以积极地面对一切突发状况或者复杂状况；可以激发运动员的创造性，在训练或者比赛中能够突破自我，创造出奇迹；可以培养运动员的足球精神，勇于拼搏，不怕艰难困苦，迎难而上，从而达到新的发展高度，取得优异的成绩。在高校的足球教学中，教师要探索和寻找高效的训练和培养方法，加强对足球运动员的心理素质培养，推动高校足球教育的发展。

第四章　高校足球训练的实践应用研究

第一节　分层训练法在高校足球选项课中的应用

足球选项课是高校教学的重要课程，但是高校的学生来自各个地区，身体素质、足球意识、足球技能都参差不齐，这给高校的足球体育课带来了更高的上课要求。在高校足球选项课的教学中，教师应了解学生之间的差距，采取有效的办法进行教学活动，分层教学法就是一个很好的教学手段。本节对分层训练法在高校足球选项课的应用做简要分析，希望可以对高校的足球课程做简要的参考。

足球这项运动，不仅能锻炼身体，也可以锻炼人们的合作能力，深受广大群众的喜爱，在素质教育前提下，足球运动受到越来越多学校的认可，教育部也将足球列入各个阶段的体育教学中。但是由于受到地域和学校师资的影响，足球教学在各个地区还是有较大的差异，尤其是在经济落后的地区，很多学校教师和教学器材都比较匮乏，在条件允许的情况下，我们应该对足球教学进行分层训练，让水平不同的学生都能得到充分锻炼。

一、分层教学法的概况

分层教学方法是根据所授学生间的个体差异，制定不同层次的教学目标，教师用不同的方法针对性地进行教学。分层训练法充分考虑到不同学生之间的基础知识、接受能力、体质等不同来对学生进行训练，在增加学生自信心的同时，也可以高效地完成教学目标。

每个人的遗传因素、生长环境、身体素质等都不尽相同，导致了每个学生和每个学生之间的不同，有的学生由于接触过足球，所以身体素质较强，对足球知识的了解也相应地较多；有些学生没有接触过足球或以前接触的运动也不是足球，所以在体质和足球技巧上都有所欠缺。足球是我国重点发展的体育项目之一，这项体育项目也有着无穷的魅力，吸引着广大的高校学生。但在每个学校的足球教学中都存在着这样的问题：学生的体质参差不齐，具有足球的基础也不尽相同，在经过一段时间的足球教学后，教师会发现，有的学生进步非常迅猛，足球水平越来越高，而还有一部分学生的足球水平却没什么太大变化，导致了这部分学生对足球的热爱也有所减退。出现这个情况的原因是教师采用相同的教学方法对待每一个学生，安排给学生的作业和练习也是一模一样的，这样的教学效果是很不理想的。那么，教师在教学过程中，如何调动学生的积极性，满足学生对体育知识的需求，是教师值得思考的问题。在这样的情况下，采用分层教学的方法是一个不错的教学手法，教师在教授足球的过程中，观察和了解学生之间的差异，把学生分成不同的层次进行差异化教学，这样才能达到因材施教的目的，让每一个足球选项课的学生都可以逐渐进步。

二、分层教育法的分层步骤

（一）学生素质分层

每个学生个体情况都不尽相同，在足球选项课中就会出现严重分化的情况。部分学生甚至在高中之前都没接触过足球，对足球可以说是零了解，但是有的学生在高中之前不仅熟悉地掌握了足球技能和规则，甚至还能运用一些足球的技能技巧。学生学习足球的起点差别较大，对足球知识的要求存在明显差异。鉴于此种现象，高校的教师应该根据学生的水平进行合理分层，分层中要考虑学生的实际情况，也要尊重学生自身的意愿，并给予学生专业的指导方向，确保分层的合理性。例如，教师可根据学生状况将层次分成高级、中级和低级三个层次，不同层次的学生掌握的知识标准和学习需求也不同，高层的学生身体素质较好，灵敏度高、耐力好、速度快，对足球知识掌握得很扎实，熟悉足球规则，也有一定的技能，总体来说足球水平较高；中层的学生身体素质一般，耐力和灵敏度合格，速度较快，熟悉足球的规则，但足球的基础知识和足球技能掌握不是很熟练，总体来说足球水平一般；低层的学生无论身体素质、耐力和灵敏度都较低，速度也比较慢，对足球规则完全不熟悉，足球基础知识匮乏，足球技能不会，总体来说足球水平比较低。运用分层教学法就可以有效地调动学生的学习积极性，也会更好地实现教学目标。

（二）教学内容分层

教学内容的合理性，关系着不同层次的学生学习需求，也关系着教师的教学目标。高校的足球选项课也应该注意教学内容的分层，对高层学生的教学内容，主要放在训练足球技能上，这样可以对学生运用多种足球技能的水平有所提高，也有利于培养良好的习惯；对于中层的学生，教学内容主要是足球基础知识的讲解和巩固，有针对性地对学生进行关于足球技能的巩固和训练，使学生在掌握足球技能方面更为熟练；对于低层的学生，教师的教学重点要放在足球基础知识的讲解上，让学生对足球有更深的认识，进展顺利的话，可以对足球技能做稍微讲解和训练。通过教学分层法，可以满足各个层次学生的学习需求，又可避免影响学生的自尊心和自信心，帮助学生树立正确的学习目标。

（三）测评内容分层

在高校足球选项课中，要定期对学生的掌握情况做测评，如果测评内容与学生实际水平有差距的话，容易使学生不自信和产生厌学情绪，这不利于足球教学的继续开展，因此在高校足球选项课的测评中，也应对测评内容进行分层，根据学生身体素质的提升状况和对足球知识、足球技能的掌握情况进行测评，合理规划考试内容。例如，对高层的学生应采取测评的内容是：身体素质是否有进一步的提升，足球技能的掌握与实践应用是否熟练，是否能灵活运用战略战术与其他成员合作等内容；对中层的学生应采取的测评内容是：身体素质是否有相对的提升，对足球的基础知识掌握是否熟练，是否能掌握一些足球技能，是否对相关的战术有所了解；对低层的学生应采取的测评内容是：身体素质是否有明显的提升，对足球的基础知识掌握是否牢固，对常用的足球技能是否有了解等。

三、分层教学在高校足球选项课中的应用策略

（一）转变传统观念

高校足球选项课中，教师要认识到，提高学生的综合素质不仅是教育的需求，也是促进学生更加适应社会的条件。所以，教师要转变教学观念，学生学习文化知识固然重要，但是拥有强健的体魄更为重要。将分层教学当作教学重点加以落实，关注不同层次学生的学习体验，对学生的意见要认真听取，教学活动要适当调整，让学生更好地适应不同层次的学习内容。同时，教师也应该注重提高足球教学水平，良好形象的树立也可以激发学生自主学习的动力。研究发现，如果教师掌握丰富的教学知识，并关注学生，常常与学生沟通，不仅能够赢得学生的尊重和喜爱，学生也能更加专注于学习。因此，教师要不断努力提升自己的专业水平，尤其要注重足球战术的学习，教师要将每项知识讲细、讲精，并为学生做出标准的示范，及时纠正学生不规范的动作，确保学生正确地掌握足球的动作要领。教师也要注重教学策略，与其他教师多交流，互相汲取经验。同时在进行教学实践时，不断地总结和反思，纠正教学中的不足，提高足球选项课的教学效率。

（二）丰富教学内容

足球这项运动，对体力、敏捷性、耐力的要求都很高，如果采用传统单一的教学方式，很容易让学生产生厌倦感，这样会降低学生学习足球的兴趣，在分层教学法运用时，教师应该注意采取正确的教学手段，丰富课堂内容。

首先，要采用多样的教学手段。例如，在授课的同时，可以采用分组讨论的教学方法，允许学生对某个足球知识或技巧进行讨论，鼓励学生做相关的动作，然后分组讨论，进行评价，指出该动作的优点或不足，然后再进行小组比赛，激发学生的学习积极性和上进心。另外，教师要鼓励学生积极探究，例如，怎样带球才能避免被人截球，以及在带球、射门中的注意事项，让学生踊跃发言积极思考，加深印象。其次，在教学过程中穿插游戏。各个层次的学生在长时间的训练中难免会有疲劳心理，教师指导学生在课堂中以游戏的形式进行教学，能引起学生的好奇心，让学生注意力更加集中，在愉快的氛围中学习足球。有条件的情况下进行各层之间的竞赛，让学生在实践中增加足球技能，全面认识足球，掌握足球技能。

（三）适当鼓励学生

高校足球选项课应用分层教学法的过程中，也要适当鼓励学生，以免挫伤学生的学习积极性，教师在分层中不公布分层结果，只是在教学中加以区分。不同学生的身体素质和能力也各不相同，在教学实践中，教师要鼓励学生，增强他们对学习足球的信心，让各层学生之间的差距逐渐缩小。

首先，给予学生口头表扬鼓励。应用分层法教学进行足球选项课时，教师要根据不同水平学生的自身表现，给予口头肯定和表扬，尤其针对低层级的学生，鼓励是非常必要的教学手段。当学生能够熟练地说出足球的基础知识和规则时，教师要给予充分的肯定，帮助学生树立自信心，让学生更加热爱这项体育运动。经很多学校的实验和分析发现，学生获得教师的肯定和鼓励后，自身会更加积极地投入学习中，听课也更加专心，因此教师的适当口头表扬是很有必要的。

其次，教师要不定期发放奖品作为奖励。教师在授课过程中，可以根据不同学生进步的情况发放奖品作为奖励，鼓励学生再接再厉，这样也会激发学生的上进心和学习的积极性。

另外，教师也要多与学生沟通，了解学生的学习情况，问询学生对于现阶段足球的想法和对足球学习的看法，以及在学习中遇到的相关问题，并予以解答，使学生们切身体会到教师的关怀，更加努力地学习足球知识。

分层教学法虽然在描述上感觉很容易，但在实际操作中还是有一定困难的，这就需要所有老师在教学过程中考虑到各方面的问题并及时想出对策和解决方案，让高校足球选修课从传统的教学方法转为更加适合学生学习的分层教学法。在这样的教学过程中，让学生体会到学习的乐趣，增加他们学习的兴趣和自信心，为国家培养出德、智、体、美、劳全面发展的高素质人才，让学生们能更好地发展。

第二节 团体合作在高校足球训练中的实战应用

通过对足球运动性质进行分析，调整足球实战训练方向，建立"集体荣誉至上"的足球实战训练目标，并全面贯彻以学生实际需求为本的教学理念，培养运动员的临场反应能力、竞技能力等诸多能力。同时，制订融合团队合作意识的高校足球实战训练方案，并搭建完备的运动馆，保障训练设施的齐全与完善，进而使训练达到事半功倍的效果。采用丰富实战训练内容的方式，将训练中的相关内容转化为学生成果，以此推进高校足球实战训练的顺利开展。

随着足球运动的不断发展，团队竞技已经成为此项运动的主要特征，也是实战训练的重点培养方向。并且高校为了提升学生的身体综合素质，已经将足球运动项目列为重点教学科目，在高校的足球训练中，教练更应以提高学生的团队协作能力为教学的侧重点，使团队合作贯穿在训练实战中的各个环节，以此起到提高学生足球运动能力、提升高校体育教学效率的作用。总之，团队合作文化中蕴含着国人智慧的结晶，其中不仅充满着哲学理念，同时也饱含着教育的另一种思想观念。这种训练方式在不断实践中被充实与拓展，对于实际教学有着十分现实的指导意义。基于此，本文将以团队合作为主导思想，开展其在高校足球训练实战中应用的研究，使学生掌握更多的足球运动技巧，树立学生对足球运动的正确认知，以此起到推进高校教学相关工作开展的作用。

一、建立"集体荣誉至上"的足球实战训练目标

对于高校来说，一个完善的教学目标才是足球实战训练的根本，传统的足球实战训练通常以提高学生的足球运动技巧为主，进而忽视了对学生的心理培养，为此高校应调整足球实战训练方向，建立"集体荣誉至上"的足球实战训练目标。

在开展相关足球实战训练工作时，教师应全面贯彻以学生实际需求为本的教学理念。例如，在进行训练工作前，对学生开展开放式问卷调查工作，掌握不同学生的身体综合素质情况，了解学生对足球运动项目的认知。此时实战训练的主要目的是培养学生对于足球运动的兴趣。以足球运动自身为特质，在训练中全面贯彻"以人为本"的教学理念，使学生在参与足球训练时感受到运动为他们带来的乐趣。同时引导学生在刻苦的训练中不断坚持，磨炼学生的意志，这也是足球实战训练的目的与实际意义。

在足球实战训练中，可从团队精神、运动精神等多方面切入，设置不同方面的足球训练目标。例如，当学生完成足球运动项目的理论知识学习后，教师可带领学生观看足球世界杯、奥运会等大型足球运动赛事。在观看中教师需要为学生详细讲解每一名运动员在赛场中扮演的角色，使学生树立对足球运动项目的正确认知。以其中某一场实战训练为例，教师可采用快剪视频的方式，为学生深入剖析每一名运动员在实战中所承担的任务，让他们了解到，足球运动区别于其他的运动项目，这是一个团体类运动项目，每一个运动员在这个团体中都是不可或缺的一部分。

教师应同步开展对其中每一名运动员运动技巧的分析，根据当场对战的对手综合实力，为学生讲解每一个动作的作用，使学生对体育运动产生向往的心理，然后同步实施相关训练工作，以此使高校足球实战训练达到事半功倍的效果。在此过程中，应当注意学生集体荣誉感的养成。很多高校在开展足球实战训练时，都错误地认为应加大理论知识教学，在学生具备了完善的理论知识框架基础上，适当引导学生到训练场上进行实战演习。认为学生在经过了一段时间的场地训练会自然而然地具备一定的团队意识。这种错误的认知导致高校忽视了对学生的意识培养，这导致学生在团队意识方面存在一定的空白。

在这一阶段，以帮助学生树立正确的团队意识为主，鼓励学生在实战训练中站在团队的角度或站在更高的层面看待本场比赛。这样学生能更好地感知足球赛场的比拼现状，进

而可以促进团队之间的配合。总体来说，集体荣誉感或团队合作意识，除了包括运动者的本能反应，还包括运动员的临场反应能力、竞技能力等诸多形态，只有将这些精神与意识不断融合与贯通，才能在真正意义上培养高校足球实战训练中学生的团队合作意识。

二、融合团队合作意识制订高校足球实战训练方案

在明确高校足球实战训练目标后，要求教师认真观察每一名学生的个人特长，并根据学生身体运动极限，对相关数据进行有效的记录。在此基础上，教练应定期与学生进行情感交流沟通，着重强调学生的个人优势与兴趣爱好，实现在足球实战训练中，激发学生的运动潜能，提高学生对运动的自信心，并将这种方法贯穿在教学的全过程中，以培养学生团队合作意识为主，制订针对性的高校足球实战训练方案。

为了满足足球实战训练需求，应搭建完备的运动馆，改善传统的运动设施落后且陈旧的状况，并保障训练设施的齐全与完善。在此基础上，根据条件建设田径运动馆，加强硬件设备等的资金投入。同时，增强教学工作的指导性，加大对实战训练的管理力度，使相关工作均在规范化的背景下实施。总体来说，改善当下高校足球训练条件是实现足球能力培养的关键，也是不容忽视的内容。有效地指导学生根据个人需求及兴趣爱好进行足球运动，可达到事半功倍的训练效果。

在足球实战训练中，采用设置活动小组的方式，将参与训练的学生随机分成两个小组，鼓励学生通过小组讨论制订实战计划，要求每一名学生在运动中均参与到实战训练计划的规划中。同时，由教师指导健全足球实战训练方案，在设计中考虑到学生的身体综合素质及运动习惯，提出科学且合理的方案。以此为依据推进对学生的实战训练。

在完成上述相关工作的基础上，根据足球训练实际需求，改革传统的训练方法。应根据训练进展，合理安排适量的体能训练内容，以此避免学生在实战运动中出现扭伤、挫伤、肌肉拉伤等现象。同时，由于足球训练的时间与周期通常较长，属于高强度运动项目，在开展训练中，运动员极易出现由于注意力不集中或训练过度导致的疲劳现象。因此在规划足球实战训练时，应根据训练的进展，合理安排训练时间，并将基础类训练项目安排在实战训练前，使学生在相对饱满的精力状态下参与到运动训练工作中。

三、完善高校足球实战训练内容

根据上述提出的高校足球实战训练方案，本部分将整合团队合作精神，进一步对足球实战训练内容进行完善。在高校实战训练前，为了避免学生出现挫伤等情况，除了应在训练前进行拉伸、慢跑等基础性动作的训练外，更应深入挖掘足球训练的技巧。

为了提高足球训练项目的实用性，在实战训练工作实施中，应将侧重点放在对学生团队精神的培养方面。由于足球项目训练并不是一个短期的过程，是要求学生在具备一定的体育运动技巧基础上实施的，之所以这个运动项目受到了高校及相关单位的重点关注，主

要是由于其精湛的训练内容与严谨的训练方式。因此，在完善足球实战训练内容时，可适当引入其他种类运动项目的训练工具，吸引学生对足球运动的注意力。

为了满足不同学生的实战训练需求，在训练中，教师先沿用传统的心肺锻炼方法，按照运动员训练的基本要求，让学生按照标准进行相关基础训练（包括仰卧起坐、单 / 双杠练习、引体向上等）。在满足体育训练教学安排的基础上，将体育教学立足于足球运动训练，才能实现对足球训练的有效教学。总之，以多元化的足球实战训练内容作为开展训练的基础，根据学生在参与训练中的学习能力及身体素质，对传统的足球训练内容进行革新，使高校开展的足球实战训练内容与全民运动的教育理念更加适配。此外，根据教学相关工作安排，提高训练的规律性，根据学生身体的记忆能力，实现对足球训练的有机改造。综上所述，团队合作是高校足球实战训练的宗旨，也是主要方向，通过团队合作训练，帮助足球运动员树立正确的运动意识，对于训练中出现的技巧方面的问题，可要求教练定期参与体育知识学习，并传递给运动员正确的体育运动训练的方式。此外，适当借鉴国内外高校体育专业课本教材内容，按照课本中的专业训练方法，研究适用于足球实战训练的训练方法，以此减轻运动员的身体负荷，实现运动技巧与能力的高效提升。

研究发现，目前大多数高校在开展足球项目实战训练时，均缺少一个系统性的训练方法，仅按照传统的训练模式或专业运动员的训练模式开展训练，这种方式是不提倡的，不仅会使学生由于过量训练出现肌肉拉伤的情况，而且在训练后学生仅具备了运动技巧，却不具备与其他人实战的合作能力。

第三节　高校足球教学中心理技能训练方法的应用

在高校足球教学中，心理技能训练为运动员系统训练的重要组成内容，关系到运动员综合素质能力的提升。基于这种认识，本节对高校足球教学中心理技能训练的重要性和方法展开了分析，然后对表象训练法、意志训练法、模拟训练法、自我暗示法等方法的应用实践进行了探讨，为关注这一话题的人们提供参考。

在高校足球教学中，只有使心理技能训练与身体训练、战术训练等各种训练活动同步开展，才能使运动员综合素质能力得到提高，从而达到培养优秀运动员的目标。因此在实践教学中，教师需要掌握心理技能训练方法，并且科学运用，确保运动员在训练和比赛中保持良好心理状态，充分发挥自身能力，继而取得优异的比赛成绩。

一、高校足球教学中心理技能训练的重要性

在高校足球教学中，教师应当认识到运动员的身体运动状态和竞技状态都将直接受到心理素质影响。从组成上来看，心理素质包含心理认知能力、心理情感和意志力。只有具

备基本的心理认知能力，运动员才能通过刻苦训练得到个人身体素质和能力的提高。保持积极心理情感，运动员才能消除比赛中的不良情绪。拥有顽强的意志力，运动员才能在足球比赛中坚持克服各种困难，使比赛顺利完成。而强化运动员心理技能训练，有助于运动员形成专业竞技体育意识，在足球运动中保持良好情绪和状态，使自身真实运动水平得到充分发挥。所谓的心理技能训练，即采用特定训练方式促使受训对象掌握心理状态调节技能的训练手段。不同于心理咨询，心理技能训练需要在加强心理学相关理论运用的基础上，提高受训对象心理承受能力，促使其在特定情境中保持良好精神状态。因此在足球教学中，心理技能训练为重要组成部分，将对运动员身体素质、技战术水平产生影响，促使运动员通过不断完善心理过程达到最佳综合素质状态。

二、高校足球教学中心理技能训练方法的分析

在高校足球教学中，可以采用的心理技能训练方法大致可以划分为四种，即表象训练法、意志训练法、模拟训练法和自我暗示法。

所谓的表象训练法，实际就是通过加强运动员意识指导促使其在脑海中反复回想运动情景或动作图像，对足球动作进行清晰完整再现，以增强运动员运动技能情绪控制能力的心理技能训练方法。运用该种方法，有助于运动员通过发挥想象力实现球技总结，能够实现正确动作的动力定型，促使运动员的动作熟练程度和记忆强度得到提高，继而达到较好竞技状态。

意志训练法侧重于意志力的训练，能够使受训者在心理上增强克服困难以达成目标的意识。作为常见心理技能训练方法，意志训练法运用需要结合受训者实际情况进行适当方法的选择，包含鼓励法、施压法和诱导刺激法等，需要明确受训者体质特点和运动水平，通过有意识地开展训练促使运动员呈现出较佳精神面貌，最终取得理想的运动成绩。

模拟训练法是通过模拟不同比赛情况以达到加强受训者心理素质锻炼目标的训练方法，能够通过反复练习确保受训者做好各类比赛适应性准备。运用该方法，可以通过语言图像模拟或实景模拟完成不同比赛情景的设置，确保运动员在比赛中克服紧张心理，正常发挥自己的水平。

自我暗示法是通过语言等刺激物直接对受训者施加心理影响的一种心理技能训练方法，能够起到调节受训者注意力、情绪等作用。参加该种训练，受训者可以学习心理活动调节方法，以达到控制自身情绪和行为的目标。在运动中，加强自我心理暗示能够使动作保持稳定，促使动作成功率得到提高。

三、高校足球教学中心理技能训练方法的应用分析

（一）表象训练法的应用

在足球教学中，教师可以应用表象训练法加强学生足球感知觉训练，促使学生逐步将

视觉表象转变为运动表象，促进技术动作的形成与发展。在训练一开始，教师需要向学生植入自主意识，促使学生加强对足球运动录像或视频的观察，然后按照标准动作程序在脑海中进行技术动作描绘。在学生有意识地对思维形成的动作表现进行关注的情况下，教师需要运用语言进行暗示，促使学生产生运动生理变化。应用该种训练方法，能够促使学生加强对球、人、场地等方面的直觉，形成球感、空间视觉等肌肉感知觉。在此基础上，学生能够在训练和比赛中始终保持对队员技术动作和球的关注，能够结合战术进行自身位置调整，促使战术效用得到发挥。在表象训练中，要求学生具备一定的抽象思维能力和记忆观察能力，确保规范动作能够得到再现。为此，教师需要利用最标准和规范的技术动作和战术配合进行训练，正面引导学生加强各种技术动作观察记忆，确保学生在脑海中形成相应的视觉形象。在实践训练中，教师可以组织学生开展多打少、攻守快速互换等活动，促使学生加强队友位置观察，有意识地进行技术动作思考。作为教师，需要加强正面引导，促使学生在运动过程中加强多个可能目标观察和想象，通过快速制定传球方式引导学生有意识思考传球动作和位置，继而在形成技术动作感知觉的同时，能够通过实践得到运动能力的锻炼，形成对标准技术动作成功复制的自信心。

（二）意志训练法的应用

应用意志训练法，教师需要通过长期心理技能训练促使学生形成顽强、勇敢、果断等意志品质，能够达到足球竞技要求。实际在足球运动中，运动员在精神饱满状态下坚持执行个人选择，最终却遭受失败或挫折，将给运动员带来一定打击，甚至造成其一蹶不振。只有克服这种状态，才能形成顽强意志品质。开展意志训练，教师首先需要对学生进行一段时间的刻苦训练，适当增加训练难度和强度，对学生进行磨炼，促使学生心理素质得到提高。例如，教师可以选择在雨天、风天组织学生开展训练，要求学生克服天气问题，采用"五打六""九打十"等人数不等的方式完成训练，确保学生形成一定心理自制力，可以克服外界干扰发挥出水平。在学生精神状态尚可时运用施压法，使学生在足球运动中的对抗更加激烈，促使其产生频繁身体对抗，如争抢、冲倒等。面对这种局面，学生只有坚持完成相应技术动作，才能得到心理素质锻炼。在学生表现出退缩心态时，教师可以采用诱导刺激法，表达出对学生状态的不满，刺激学生重新调整状态。在学生展现出畏惧状态时，教师需要加强鼓励法的运用，帮助学生突破心魔，提升足球拼抢能力。此外，应用意志训练法，要求学生得到自觉性心理锻炼，能够自觉完成足球技术、战术训练。为此，教师需要结合学生心理特点和训练实情树立运动目标，强调学生自身意志行为，确保学生能够落实训练措施，有计划地开展意志行动。

（三）模拟训练法的应用

足球场上的态势瞬息万变，作为运动员需要保持注意力的集中，并且面对变化果断做出选择，克服在变化中产生的不良情绪，才能顺利完成比赛。结合这些需求，教师在日常教学中可以采用模拟训练法开展教学，使学生带着比赛任务完成训练，以便得到心理素质的锻炼。采取以赛代练的方式，教师可以组织学生进行足球比赛模拟，给予学生一定的运动压力。在学生出现紧张情绪时，教师可以给予鼓励性动作或语言，促使学生重新集中注意力，加强周围情况的观察。在训练过程中，教师可以指导学生加强相关人或对象的典型特征牢记，以便得到观察力和注意力的提升。在点球训练中，教师可以组织学生模拟点球大赛的过程，让假设自己的一球为决定球队命运的关键一球，联想到场上众多观众的注视。在压力之下，如果学生出现犹豫、胆怯等心态，教师需要帮助学生加强选择，能够把握时机完成进球，得到果断心理的锻炼。在训练中，学生可以积累丰富的经验，促使其在足球比赛中集中注意力进行足球行进路线的判断，并抓住机遇果断创造进球机会。此外，在模拟训练中，教师可以扮演裁判的角色，在学生犯错时给予处罚，促使学生思考如何应对。针对学生透露出的心理问题，教师需要适时指导，促使其正确认识足球运动，能够在或疲劳或紧张状态下实现自我情绪调节，以便形成稳定的心理状态，从而在比赛中排除外界因素的干扰，能够高效参与到足球运动中，充分发挥自身能力。

（四）自我暗示法的应用

足球运动中运气因素也将对比赛结果产生影响，在长时间高负荷状态下运动员基本都会出现失误，还应确保运动员能够保持运动自信心，保证后续比赛中正常发挥水平。应用自我暗示法开展足球教学，有助于学生形成自信，从而在足球训练中放松心态，能够应对各种情况。应用该心理技能训练方法，教师需要认识到学生之间的差异，采用不同鼓励语言引导学生加强自我心理暗示，确保学生能够掌握自身心理状态的调节方法。例如，在训练中学生因错失绝佳进球机会而懊恼，教师可以指导学生在内心默念"后面一定还有机会进球"。在学生因疲劳感到无法支撑下去时，教师可以运用"还是很轻松的，有能力继续"等语言使学生放松，重新获得训练的自信心。利用学生关注的足球明星，也可以引导学生加强自我心理暗示，比如，"努力成为梅西吧"等鼓励性的语言，能够在瞬间给予学生力量，促使学生恢复战斗力和信心。实际在日常各种训练活动中，教师都可以应用自我暗示法开展心理技能训练，比如，在对抗训练中大喊"再争取一下就赢了"等，促使学生得到鼓舞，全力以赴投入运动中。在团体训练中，也可以要求学生以相互击掌、共同喊口号等方式相互激励，在心理上对自我进行暗示，勇敢克服各种困难。

综上所述，结合足球教学内容进行心理技能训练法的合理选用，能够使运动员在学习运动技术过程中实现高水平表现，形成足球运动自信心和一定心理技能。在此基础上，运动员能够在足球比赛过程中加强心理调控，理智、坚强地面对各种问题，最终实现自身水平的超常发挥。

第四节　游戏教学在高校足球训练中的应用

　　游戏法在体育教学过程中起到很重要的作用，能促进高校学生在足球训练中的主动性和积极性，能激励学生对足球项目的学习能力，以及增加学生对足球运动的兴趣，在游戏教学的训练中可以培育学生的综合素质，例如，坚强、努力、机智、顽强拼搏、团队精神的优秀品质能力。足球游戏教学中的组合训练和分组训练，锻炼了学生的意志力和承受力，足球游戏教学充分使用了适合学生年龄的游戏，制订了非常好的教学计划，促使学生在足球课堂上提升了学习质量。

　　体育教学中的足球游戏教学，是一个效率极高的教学模式，在教学中既能达到教学的目的，让学生锻炼了体魄提高了身体素质，同时也增加了学生对足球训练的学习兴趣，促使学生在足球训练期间有了更大的训练意义，教师也能在游戏的教学中更大程度上提升教学质量，以及教学效率。足球游戏教学的多样化比较吸引教师，同时也备受学生的喜爱，教师把游戏和足球教学相结合，总结出最好、最适合高校学生的教学模式，以此促进学生在体育中取得好成绩，以及锻炼学生的身体，让学生能够有一个强健的身躯。

一、游戏教学在高校足球训练中的重要性

（一）有利于提高足球训练的课堂质量

　　游戏教学能提高学生的身体素质，也是促进学生运动时的兴奋剂，让学生在学习的同时还能提高对足球的兴趣，游戏教学的实施让学生的身体越来越好，拥有一个好身体的学生在上其他课时也能精神百倍，游戏教学在足球教学中起到传递作用。游戏教学在足球的教学中贯穿整个教学过程，促使学生在体育课堂上让学生能够认真地听课，游戏的足球教学深深地吸引了学生的注意力，同时也能够提升学生在足球课堂上的学习效率，游戏教学传递着足球的知识以及运动，这样的教学模式有利于提高足球训练的课堂质量，以及课堂效率。

（二）激发学生对足球课的兴趣

　　兴趣是世界上最好的老师。游戏教学是一个多样化的教学，各种各样的游戏形式激发了学生对体育课和足球课的兴趣，游戏的教学模式在体育教学中起到至关重要的作用，足球游戏教学促进学生思维能力的发展，还调动了学生对足球学习的积极性。在游戏教学中学习新知识的时候，能促进学生更快接受新的足球技能，也能让学生在教学中敢于超越自我、敢于面对困难、敢于突破困境，战胜心理障碍，还能让学生对足球有新的意识，让学生了解足球的另一面。足球除了是一项体育项目，也是一道突破困难的关卡，因此，游戏教学不仅能激发学生个人兴趣，还能锻炼学生的心理素质。

（三）提高学生的身体素质

游戏教学是一种集体训练的训练模式，大量的运动和阳光的照射，让学生拥有了身体上不可或缺的能量，在进行游戏教学时大大提升学生的身体素质，增强学生身体上的免疫力，游戏的教学方式也会使人快乐，体育的教学中让学生感受到快乐地学习，以及学习中的快乐，这是促进学生坚持、努力下去的方式，也是促使学生爱上体育运动的方法，只有坚持不断努力才能让身体素质继续保持下去，学生的意志力才能磨炼得更加顽强，教师也要积极鼓励学生不断地往前走。

二、游戏教学在高校足球训练中的应用

（一）游戏教学的作用

游戏教学有两种教学，一种是娱乐形式，一种是比赛形式，娱乐形式是指：不分场合、地点、人数、性别的限制，经过分组进行足球之间的游戏玩乐，比较有娱乐性，没有正规的裁判员，只是学生之间的玩乐，没有比赛形式中的严肃、紧张，对输赢不重视，只是让学生能够学会基本的足球知识，让学生有一个好的身体，比赛形式是指：要求正规的场地、人数、性别，还要有正规的裁判员。例如老师，男女之间的比赛是分开进行的，在比赛中队员都有共同的目标就是要赢，竞争性比较强烈，教师还要有目的性地进行教学，教师规定学生在这节课必须学会的体育知识和足球知识。因此，游戏教学的作用有两种，这两种作用都能让学生对体育课产生浓厚的兴趣，也能让学生学习到体育课的知识，同时拥有一个好的身体素质。

（二）游戏教学在足球训练中的效率

足球运动是一种团结性较强、体力充足、速度性的体育项目，游戏教学是足球教学与游戏相结合的一种教学模式，在游戏中学习在学习中玩乐，人只有在最轻松的时候才能学习到更多的知识，才能对学习到的知识有更深刻的印象，游戏的教学方式让学生对足球更感兴趣，教学上游戏会吸引学生的眼球，促使学生认真地听课，同时也能激发学生大脑的运转能力，让学生的大脑更发达，游戏教学在课堂上会提高学生的学习效率，同时也能提高课堂上的教学质量，让学生拥有一个好身体也能拥有好成绩。

（三）游戏教学提升学员的道德品质

游戏教学中教师在组织学生参赛时，要激励学生的好胜心，分组比赛有输赢，赢的教师可以奖励学生，输的需要受到惩罚，以此来提升比赛的热潮，在比赛时教师要着重强调比赛规则，让每位学员拥有一个守纪律守规则的好学员，在比赛中教师要给弱点的学员加油，让学生能够重拾信心勇敢地战胜对手，教师以此锻炼学生的意志力，促使学生在赛场上不怕困难勇敢往前冲，不管结局是赢是输都要全力以赴去面对，通过这样的比赛过程来培养学生良好的道德品质，促使学生在困难面前不畏艰险勇往直前。

高校足球游戏教学在体育中起到很重要的作用，能促进高校学生在足球训练中的主动性和积极性，能激励学生对足球的项目的学习能力，以及增加学生对足球运动的兴趣，在游戏教学的训练中可以培育学生各方面的能力，教师还要锻炼学生的意志力，促使学生在赛场上不怕困难勇敢往前冲，不管结局是赢是输都要全力以赴去面对，通过这样的比赛过程来培养学生良好的道德品质，促使学生在困难面前不畏艰险勇往直前，学生拥有良好的道德品质会让学生在人生的道路上受益匪浅。

第五节　快乐体育在高校足球教学中的应用

高校足球教学应用快乐体育不仅激发学生参与足球运动的兴趣，也有助于提高学生投入体育锻炼的积极性。为使高校足球教学更加具有普适性，高校足球不仅需要适当调整难度设置，而且需要细分学生对象，制订多种教学方案，以及将学生的基础能力训练与比赛穿插进行。

与其他国家相比，中国虽然是排名第一的人口大国，却在世界第一球类运动——足球的民众基础方面长期落后。这种基础薄弱的不利局面不仅影响到了我国足球运动在各项国际大赛中的比赛成绩，也间接制约了足球运动在更多基层群众中的广泛普及。因此，校园足球便成为推广全民健身运动的重要手段。尤其是作为培养高等教育专业人才的主阵地高校，足球教学更成为规模化、系统化推广基层足球运动的首要选择之一。

一、快乐体育对高校足球教学的积极意义

（一）激发学生参与足球运动的兴趣

高校足球教学之所以需要快乐体育教学模式，一个重要原因是传统模式难以吸引学生主动参与足球运动。由于对提高学生体能水平的过度关注，不少高校的足球课堂往往强调加大需求量和反复练习各种基本动作。虽然巩固基础对足球运动至关重要，然而高校开展足球教学的目标并非培养专业足球运动员，而是借助足球运动的形式提高大学生身体素质，同时普及足球运动受众面。

尤其是在当前越来越多的学生长期习惯于静态化学习、生活而疏于体育运动的状态下，让学生"动起来"比掌握一系列足球运动动作技能更为重要。而要使学生改变好静不好动的习惯，兴趣是最有力的助推器。只有基于兴趣而参与足球运动，课堂教学才能避免沉闷与被动，才能变"教师要求"为"学生需要"。而这种学习的主动性才是高校足球教学顺利推进并提高质量的核心。

（二）提高学生投入体育锻炼的积极性

将足球作为高校体育课堂教学的组成部分不仅是为了在更大范围普及足球文化，更是

为了通过对世界第一大球的教育全面提高大学生的身体素质。因此无论是否以足球教学为主要切入点，任何体育运动的教育终是为了帮助学生培养起更加健康的生活与学习习惯，提高学生投入体育锻炼的积极性。这不仅对学生个人成长和未来的社会化发展至关重要，且亦是在践行全民健身运动和建设体育强国的国家战略。

二、快乐体育在高校足球教学中的应用策略

（一）适当调整难度设置

对于绝大多数普通资质的大学生而言，足球运动对参与者体质、体能的要求往往是让人止步的重要原因。而当高校体育课堂上的足球教学参照相对专业的训练标准要求多数学生时，枯燥的重复与严重的体能消耗必然迅速消减学生兴趣，使学生对于足球运动望而却步。

考虑到普通大学生身体素质的整体状态，高校足球课堂不妨适当调整难度设置，降低至多数学生都能够承受的中低烈度。这种中低程度的体力消耗既能免于学生筋疲力尽后的体力不支，又能更长时间保持对投入足球训练的新鲜感与好奇心。如此，更多学生才能进一步增加对于足球教学的兴趣并树立信心，这是高校足球教学应用快乐体育教育的基础之一。

（二）细分学生对象，制定多种教学方案

进入高校的学生来自四面八方，体质体能水平千差万别，一刀切的足球教学不仅违反了学生作为学习主体的科学定位，且难以取得良好效果。这就需要教师充分细分学生对象，制定多种教学方案。

通常情况下，同一个班级中的学生里，极优与极差者均是少数，中等水平为多数。高校足球课堂不妨设计三种基本教学方案。普通水平的多数学生以教学大纲难度的70%～80%开展练习即可；少数极优质学生不仅可完全按教学大纲要求学习，且可尝试融入少量专业运动员的训练方法；其余素质最差的少数学生可只按大纲半数训练量开展教学。

多种教学方案的制订不仅是为了提高足球教学的针对性，更好地适应每个学生的实际情况。同时，多方案教学也是在遵循以人为本的基本原则，是素质教育改革更加提倡的优化方式之一。

（三）基础能力训练与比赛穿插进行

足球运动之所以能够成为世界第一大球类运动，一个主要原因在于足球比赛场上激烈的对抗。因此足球比赛能够为越来越多普通人喜爱，并在世界各地形成风格各异的足球文化。可见，比赛的形式常常是开展足球运动的最好方式。

高校在足球教学中运用快乐体育不妨借鉴比赛的形式，通过基础能力训练与比赛穿插

进行的方法提升学生参与足球运动的热情。但标准尺寸的足球场地面积过于广大，普通体质的学生往往难以坚持整场比赛时间。加之一个班级学生众多，能够上场比赛的人数毕竟有限。为避免太多学生成为看客，可以适当缩小场地面积，比如只按标准足球场的二分之一或四分之一展开比赛。参与比赛的学生也可以视个人体能情况选择十五分钟、半小时等上场时间。轮换上场的方法不仅有助于减轻学生体能过度消耗的负担，也使更多学生在比赛中体验足球运动的魅力。

不仅如此，为了进一步增强足球比赛的对抗性和吸引力，在课堂教学之外组织班级之间的挑战赛等也是延伸快乐体育的方法之一。组织班级间的足球比赛更多是为在校园内营造起浓厚的足球运动氛围，借比赛的形式吸引更多受众。而比赛的精彩又可能激发更多学生参与足球课堂学习的主动性，从而形成高校足球教学快乐体育模式的良性循环。

受到应试教育观念的束缚，多年来一成不变的体育课堂早已成为枯燥乏味的代名词。正是这种饱受诟病的陈旧状态催生了快乐体育的新模式。高校足球教学应用快乐体育不仅是为了激发起学生投入足球运动的兴趣，更重要的是通过创新足球课堂教学引导大学生重塑体育教学观念，认识到包括足球在内的体育运动对于身心健康发展的决定性意义。快乐体育不仅是为奠定更加扎实的足球运动群众基础，更是为了通过兴趣教育培养大学生自主运动、终身运动的意识和习惯，从而提高大学生身体素质、践行全面发展的教育改革战略。

第六节　教练技术在高校足球队训练中的应用

当下高校足球队除了少数高校具有资格招收高水平运动员外，大部分高校足球队生源均来自体育特长生或者爱好足球的普通大学生，在系统训练以及足球的技战术的能力等方面均存在不足。而高校足球队教练员基本为兼职教练员，同时兼任教学任务，且专业性有待进一步提升。因此，基于我国高校足球队队员与教练员的现状，要想在短期内在技战术方面有大幅度的提升存在一定的难度。"教练技术"融合了运动学、心理学、教育学等一系列方法，激发被教练者发掘自己的潜能，探求更多的可能性，令被教练者达到自己的目标。本节试图去探索教练技术"生命平衡轮""换框理论""闪光时刻"在高校足球队训练中的应用研究来提升高校足球队的足球竞技水平。

"教练技术"源于体育运动。1975 年，美国网球教练添·高威用 20 分钟教人学会了打网球的方法，该方法后被引入企业管理及社会生活的方方面面，称为"教练技术"。添·高威在采访中说："我并没有教她打网球的技巧，我只是帮助她克服了自己不会打球的固有意识，帮她将注意力集中在网球上，她的心态经历了从'不会'到'会'的转变，就是这么简单。""教练技术"融合了运动学、心理学、教育学等一系列方法，激发被教练者发掘自己的潜能，探求更多的可能性，令被教练者达到自己的目标。将教练技术运用于高校足球队的训练中来，有助于挖掘队员的最大潜能，锻造卓越的足球团队。

我国目前高校足球队根据生源分类可以分为两类：一类是高水平足球队。高水平足球队一般招收具有二级运动员以上等级证书的高中学生运动员或者招收职业梯队具有一级运动员以上等级证书的退役运动员。另一类是普通校队。普通校队的生源主要来自普通高中体育特长生或者具有良好足球天赋热爱踢球的普通高中生，这种生源成为普遍高校的足球校队的主力生源。普通校队生源与高水平足球队生源相比，在系统训练以及足球的技战术的能力等方面均存在较大的差距。本节主要探讨后普通校队，普通校队更普遍与有代表性。以浙江省高校为例，除浙江大学、宁波大学、浙江工业大学以及浙江财经大学四所高校具有招收高水平足球运动员资格、组建高水平运动队外，其他高校均为普通足球队，队员均缺乏系统的足球训练与扎实的足球基本功。

就高校足球教练员而言，我国目前高校足球队教练员大多数为兼职教练员。教练员们大多是在完成教学任务之余，同时承担着校足球队的训练任务，且教学与训练存在同工不同酬的情况。许多高校兼职教练员带高校足球队并不算工作量，更不算科研绩效等，导致兼职教练员带队训练积极性不高。从教练员的专业性而言，目前浙江省大多数高校教练员来源于体育院校体育相关专业，足球专业教练员并不多，这也就体现在带队水平以及平时的训练方法上存在一定的不足之处。据不完全统计，目前浙江省高校教练员中具有足球一级运动员的教练员不足 10 人，具有亚足联 - 中国足协 C 级及以上的教练员不足 20 人。

根据 2015 年 3 月国务院办公厅印发的《中国足球改革发展总体方案》中改革推进校园足球发展的要求，"推动成立大中小学校园足球队，抓紧完善常态化、纵横贯通的大学、高中、初中、小学四级足球竞赛体系，探索将高校足球竞赛成绩纳入高校体育工作考核评价体系。"根据《方案》要求，对各个阶段的校园足球都会更加重视，同时也有更高的要求。目前，基于我国高校足球队与教练员的现状，要想在短期内在技战术方面有大幅度的提升存在一定的难度。因此，本节试图去探索教练技术在高校足球队训练中的应用研究，以期在目前现有的教练员与队员条件下提升高校足球队的足球竞技水平。

教练技术的普及发展与企业的管理密不可分，教练技术被企业引进并广泛应用，成为一项管理技术。该项技术结合了管理学、社会学、心理学、教育学等各类学科，最终目标是促进企业中个人或者团队的潜能激发与目标绩效达成。教练技术源于体育运动，同时又可以反作用于体育运动。本节将在以下三个方面探讨使用教练技术的方法管理与带领高校足球队，使其在技能、比赛、状态等方面都能有一定的突破。

一、教练技术之生命平衡轮应用

高校足球队在组队过程中，许多同学凭借着兴趣爱好及学习的心态加入足球队，没有明确的进队目标。在一组针对杭州某高校加入校足球队队员的调查过程中，67% 的同学进入足球队是因为爱好，22% 的同学是为了学习足球技能提高技术，5% 的同学是会了炫技得到认可，6% 的同学是由于其他原因。由此可见，高校足球队在组队的过程中，队员们的目标并不明确。高校足球队作为一个团队，需要有明确的目标。教练在组队的过程中首先应明确球队及个人的目标。在一组针对杭州高校教练员的调查中，就带队目标这一问题，55%的教练员目标不明晰，是为了完成学校交给的任务；36%的教练员目标清晰，6%的教练员没目标，3%的选择其他。

教练技术之生命平衡轮方法可以应用于球队目标管理过程中。平衡轮是一个圆饼图，在个人的生涯教练技术中运用得比较多，即用圆饼图的方式划分出八个部分，如作用于个人的生涯可以划分为家庭、工作、休闲、财务状况、个人成长、健康、朋友八个部分，再分别列出目标。平衡轮作用于球队，则可以根据球队的状况来划分具体的八个区域，也可以根据实际情况进行调整。如教练可以让每个队员写出自己在球队的到场目标、训练目标、比赛目标，对球队的个人贡献、团队贡献、比赛贡献，以及期待自己在球队达到的个人与团队状态。采用教练技术平衡轮的八个方面来制定目标，使队员在厘清现状的同时，给自己目标，提高其主观能动性，激发其潜能。如制定了到场目标后，队员在请假的时候则会有所顾虑；制定了训练目标，在训练时会更加认真与主动，而不是敷衍了事或者被动训练；制定了比赛目标以及个人对团队的贡献，则会在比赛的过程中更投入；写下了自己期待在球队中达到的状态，在球队的活动中则会朝自己期待的状态去努力。如果队员每个人的平衡轮启动，则球队的平衡轮就启动起来。教练也可以利用平衡轮制定球队的训练、管理、比赛等目标，所有的平衡轮运转起来，则球队会达到一个良好的运转状态。

二、教练技术之换框理论应用

正如添·高威在采访中所说："我并没有教她打网球的技巧，我只是帮助她克服了自己不会打球的固有意识，帮她将注意力集中在网球上，她的心态经历了从'不会'到'会'的转变，就是这么简单。"因此在运动竞技过程中，心态管理变得尤其重要。教练技术的换框理论可以让教练员带领队员在运动过程中以积极正向的视角看待问题、解释问题并找到解决问题的方法。每一个人都有一定的心理"框架"，在面对一定的事件或者情景时，会根据既有的模式做出条件反射式反应。大部分人面对出现的问题都会在想"出了什么问题？""为什么会这样？""是谁的过错和责任？"换框理论要转变的是人们的固有认知模式，将问题框架转变为结果框架，出现问题时，以结果框架为导向的思维方式来处理问题"你想要什么？""你怎样能得到它？""有哪些可用的资源？"

换框理论应用到高校足球队的训练过程中，如当球队在比赛的过程中丢球的时候，教练员应当引导球员去思考这场比赛我们需要什么样的结果，怎样才能赢得比赛，我们应该怎样调动球队的资源来赢取比赛，而不是一味地责怪某位球员在球场上表现不佳或者守门员未守住球门等。又如队员在训练的过程中，整个队伍惰性比较强，训练没有积极性时，作为教练应该怎样去引导与调动球员的积极性，利用换框理论可以引导他们去思考训练最终要达到什么样的结果，怎样才能达到这个结果，怎么做、利用哪些资源可以达到这个结果，而不是责怪大家训练没有积极性，责怪并不能解决问题。

三、教练技术之闪光时刻应用

优秀的教练都会回放比赛，研究对手，同时也对自己的运动员查漏补缺，分析做得好与不足的地方。查尔斯·杜希格在《习惯的力量》一书中说："人生不过是无数习惯的总和。"对于运动员而言，就是不断地训练形成固定的习惯，比赛的时候形成习惯性的反应。教练技术之闪光时刻在运动训练中的运用，在于教练通过回放比赛或者训练的视频，带领队员发现自己以及团队在比赛、训练过程中做得好的某些方面，发现个人、团队的闪光点。"你想改变习惯，先要了解你属于你自己的'习惯回路'。"回放视频，着重于发现闪光时刻，就是在了解自己的"习惯回路。"因为"习惯回路由暗示、惯常行为和奖赏三个部分组成。"当教练员带领运动员一起发现个人及团队的闪光时刻时，在日常的训练、比赛的过程中加以运用。通过训练使闪光时刻这一表现好的行为得以强化、固定，再通过不断的奖赏这一行为使其形成习惯回路。那么运动员日常的训练、比赛会通过不断的正向加强闪光时刻的练习而不断取得进步，最终促使整个团队不断地取得进步，从而提高整个团队的竞技水平。

创办高校足球队的目标是培养优秀的足球运动员，代表学校参与到地区、全国甚至世界大学生的足球比赛竞争中去，打出学校的品牌以及展现当代大学生的风采。在目前现有的教练员与运动员生源来看，都存在着短期内无法迅速提高其竞技水平的情况。本节试着运用教练技术的一些方法，从管理学、心理学的角度来促进运动员与运动队训练水平的提高。首先通过教练技术之生命平衡轮的应用，来制定球队及运动员训练、比赛的目标。目标的制定，可以达到事半功倍的效果。且一改传统足球队目标由教练员说了算的模式，调动了球员的积极性，由他们主动来制定目标。其次通过教练技术之换框理论的运用，促使教练员带领球队在训练与比赛时遇到问题如何去解决，通过转变思维模式，由问题导向转为结果导向，转而去启动身边的一切资源寻找解决问题的方法。最后通过教练技术之闪光时刻的运用，通过回放视频，发现闪光点，再进行练习、巩固，形成习惯回路，进而提升技术水平。

通过以上教练技术的运用，可以调动整个足球队运动训练的积极主动性，由"要我练"转为"我要练"；可以帮助球队更好地调整状态进行训练与比赛，由"出了问题是谁的错与责任"转为"出了问题可以利用哪些资源来解决问题"；由"我哪里做得不好"转为"我哪里做得很棒"挖掘出每位队员的闪光点，发现其优点与强项，进行固化、强化训练，形成"习惯回路"，进而提高竞技水平。最终，打造出一支自信且热爱足球运动的高校足球队。

第七节　高校足球教学中合作教学模式的应用

　　足球教学不仅可以增强身体素质，还可以培养学生乐观积极、团结协作的良好品质，对学生综合素养的提升具有重要意义。传统的足球教学模式，无法满足时代发展的需要，削减了学生的学习积极性。合作性学习模式打破了传统教学模式的不足，可以有效调动学生的主观能动性，激发学生的学习热情，是新课标改革过程中最有效的教学模式，可以满足学生的个性化训练需求。文章对高校足球教学中合作教学模式的应用实验教学进行具体探讨。

　　竞争与合作是促进人类社会发展的原动力。近些年来，随着社会经济的不断发展，合作精神受到越来越多人的重视，这也是人们在竞争中取胜的重要法宝。随着新课标的不断深入改革，新型教育理念要重视竞争与合作，转化竞争为合作，实现素质教育的重要目标。体育教学作为深化素质教育改革的重要基础，在体育教学过程中有机渗透合作理念，是当今教育发展的重要趋势。足球运动是一种团体合作运动，对于促进教学合作模式改革、教学质量的提升具有深远影响。

一、合作式学习模式的基本内涵以及优势

（一）合作学习模式的基本内涵

　　"合作学习"主要是针对"个体学习"提出的概念，主要是指某个群体在具体的教学目标下，通过彼此合作实现预期的教学效果，实现某种教学目标。合作形式可以分为师生、学生之间合作，合作学习需要小组成员相互帮助、共同学习。合作学习教学模式理念，主要是以充分利用课堂关系作为重要基础，通过团队成员的团结合作，以小组成员的总体成绩作为评价标准，营造良好的学习情境，深化学生的综合素养，帮助学生养成良好的训练习惯，提升其社会适应管理，追求高效的教学模式。

（二）合作式学习教学模式的优势

　　由于学生之间存在个体差异，在足球知识、接受能力、技能等方面各有不同，班级内的学生认知水平具有差异化的特点，传统的教学模式难以满足学生的个性化学习需求，实现教学效果的最大化。针对足球水平比较高的学生，教师依据教学大纲难以满足学生的需求，会削减学生的学习积极性。足球水平比较低的学生，理解能力比较薄弱，难以跟上正常的学习进度，导致整体教学效果不理想，在某种程度上造成了资源浪费。合作教学模式的有效应用，将心理学的合作模式有机渗透在教学过程中，借以深化学生创新性思维的发展。根据个性化差异、社会化背景不同等，将学生分成不同小组，将组内竞争转化为组际竞争、组内合作，促进学生进行多元化交流，调动学生的学习积极性，深化学生的自主学

习能力，对于提升学生的交际能力具有重要意义，可以促进学生社会技能的提升。

二、合作式教学模式在足球教学过程中的具体应用

（一）组织异质小组学习

足球运动是多人合作的团体性运动，要求学生具备良好的身体素质，还要求学生具有较高的协调性、柔韧性。足球运动涉及的内容比较多，有些学生在青少年时期进行相关的体育锻炼活动，具有良好的足球基础，但是有的同学是首次接触足球，学生的认识程度存在差异。在实际教学过程中，教师要充分了解学生的具体学习情况，创建异质小组合作方式。足球文化本身就是团体运动，如传球，要团队小组成员共同合作完成，所以小组分组是合作式教学模应用的重要前提。合作式学习小组要通过异质分组的手段，将不同层次学业水平的学生组成一组，通过小组内学生的团结合作，满足不同学生的学习需求，提升组内学生的共同发展。教师可以引入合理的竞争机制，帮助学习基础比较差的学生树立学习自信，调动其足球锻炼的内在动机，使学生全面、系统地学习本专项的技术、战术，有目的、有计划地培养学生技战术能力，组织竞赛和裁判的能力，培养学生对足球的兴趣，养成自觉进行体育运动的习惯，增强体质，发展体能，培养学生公平竞争的道德品质和合作精神，以及勇敢顽强的意志品质。

（二）因材施教，增进学生之间的交流

实施小组分组后，教师要根据小组成员的具体训练情况，设计不同层次的教学内容，秉持因材施教的原则，满足学生的具体学习需求，提升学生的足球素养。在班级授课过程中，教师要重点传授学生的足球知识，加强足球技能的培养，确保足球练习比较薄弱的学生可以跟上学习进度，对于不同组别的学生要根据具体的教学目标，科学安排相应的教学内容，实施有针对性的指导方案，深化学生的学习效率，促进学生的可持续发展。与此同时，教师要强化小组成员的交流活动，可以为学生创建良好的学习氛围，提升学生的基本社会技能。通过合作式学习模式，教师可以充分利用足球教学中的人力资源，通过强化学生之间的交流为足球教学注入强大动力。在足球教学过程中，颠球是重要的考试项目，但是学生的学习效果并不理想，这主要是以往学生的脚触球位置不正确，脚击球时踝关节不紧张，但是身体其他部位过于紧张。班级内学生比较多，教师很难针对每个学生的学习情况，进行细致纠察。学生在合作式教学活动中，可以发现其他组员身上的优点，学习其他人身上的优秀品质，可以提升学生的足球素养，实现学生的可持续发展。在新型教学模式中，教师要充分发挥学生的主体作用，引导学生进行高效学习，深化学生的全面素养。在实际训练过程中，因为学生的思维方式、学习能力存在很大差异，所以足球技能的发展存在严重偏差。合作学习模式的应用，可以满足高校足球体育教学的个性化发展，提升整体学生的发展，有利于足球课堂效果的提升。在合作学习中，教师可以充分调动学生的主观能动性，激发学生的内在学习动机，提升学生的合作意识，实现学生足球素养的最大化发

展，可以通过各种合作手段的训练，提升学生的足球训练效果，强化学生足球训练的参与度，提升学生的训练积极性。

（三）课后合作性学习

课程学习时间比较短，学生的足球技能要想得到长足发展，就要不断深化自身的足球素养，要根据学生的具体学习情况，科学制定教学目标，安排有针对性的教学任务，实现学生足球素养的最大化发展。在课下完成教学任务的过程中，学生要加强相关交流活动，说出自己的想法，有利于学生批判性思维的发展，对于学生发展良好的人际关系具有重要意义。小组内遇到自行无法解决的问题时，小组长可以及时向教师求助，教师要及时解决学生学习过程中的问题，促进学生的全面发展。

综上所述，传统足球教学模式对学生创造性思维的发展产生了严重阻碍，不利于学生学习兴趣、知识应用能力、合作意识的提升。合作式学习教学模式，符合素质教育的要求，最大限度地挖掘学生的学习潜能，充分应用集体合作效应的优势，调动学生足球练习的主观能动性，提升学生的足球训练效果，对于促进学生的全面发展具有重要意义。

第八节　足球教学训练中循序渐进原则分析及应用

素质教育背景下，越来越注重青少年的体质训练。足球运动对于青少年而言，本身就有一种独特的吸引力，为此在高校的足球教学训练中，青少年都抱有浓厚的学习兴趣。然而，由于足球教学训练的特殊性，致使循序渐进原则不能得以有效运用，这就造成青少年足球教学训练的滞后性。近些年来，青少年在多年的足球教学训练中因为不能正常贯彻落实循序渐进原则，致使广大青少年足球运动员不能展现其应用的训练成果。基于此，本节就以青少年足球教学训练中循序渐进原则分析及应用为研究课题，系统的进行阐述和研究。

无论何种运动都有其需要遵循的教学原则，例如足球教学训练来讲，教学原则既能够帮助教师制定一系列教学计划，还能够指导学生如何进行有效的足球训练。由此可见，教学原则贯穿于足球教学训练的整个过程，然而，在实际的足球教学训练中循序渐进原则并不能得到有效的实施和运转。从客观角度而言，青少年足球教学训练的循序渐进原则不能有效开展，其实制约了青少年的足球运动的进程。

一、循序渐进原则对青少年足球教学训练的重要性

循序渐进原则一直是青少年足球教学训练的教学准则，在青少年运动员最关键的训练时期，需要经历大大小小 400 场比赛。在这一系列的足球训练比赛中，每一步的足球教学训练都必须始终贯彻循序渐进原则，一旦出现运用不当的情况，就会严重影响青少年足球

运动员的健康成长。

一般而言，青少年都是在 12 岁左右接受足球教学训练，一直训练到 18 岁。在这长达 6 年的训练中，既是青少年成长发育的关键时期，也是青少年各项足球训练技能成熟的关键时期。在此期间，循序渐进原则需要贯彻青少年整个足球训练生涯，青少年也在足球教学训练中学习到最为关键的足球技术，当然教师也必须采用一些最重要，比赛中必不可少的训练方式。而循序渐进原则在青少年足球教学训练中的应用则是为了减少青少年在比赛中或是训练中的伤害。此外，循序渐进原则也是青少年足球教学训练对青少年心理的一种缓冲，因为青少年在比赛中一般而言胜负欲都比较强烈，一旦遇上较为强劲的对手，很容易打压青少年的积极性，严重者可能造成青少年的心理压抑。循序渐进原则的应用就是为了缓解这种情况的出现，它为青少年树立一个循序渐进的心理过程，让青少年逐渐对比赛有一个平和的心理状态，进而能够客观地看待自己在每场比赛中的自己的表现，并且能够对自身的足球技能以及应变力做出一个比较客观公正的评价。

二、青少年足球教学训练中循序渐进原则的分析

（一）青少年对抗练习中循序渐进原则的应用分析

对抗性练习是从足球比赛的实战需要出发进行训练，是足球教学训练过程中一种行之有效的训练手段，这种训练方式被很多青少年足球教学训练球队运用。但是在对抗性的足球教学训练中，很难明确、清晰地把握循序渐进原则。如果循序渐进原则运用不当，很容易给青少年的心理造成创伤，而且势必会给接下来的足球训练造成影响。

在足球教学训练中之所以循序渐进原则应用不当，多半在于足球教学训练员不能准确把握训练难度，训练难度的拿捏一旦过大，青少年很容易被足球教学训练的困境吓到，而且在训练中因为技能的不足，会造成身体部位受到损伤，进而延缓接下来的足球教学训练进程。

（二）速度训练中循序渐进原则的应用分析

速度是足球教学训练中练习难度较大的一项技术性练习，但是对于青少年在足球比赛中的获胜起着至关重要的作用。然而在实际的足球教学训练，对于速度的难度非常难以拿捏准确。一般而言，循序渐进原则在青少年足球速度训练中的应用主要是在球速和青少年的动作衔接速度当中。以两人短距离脚弓直接换球为例，因为青少年在初学足球期间其年龄较少，身体各项素质远远不能满足足球教学训练的要求，因此教练员只能以最简单的动作进行训练，慢慢地提升训练难度，从而加快青少年两人之间足球的传播速度。

然而，青少年在初步练习期间，对于传球的力度难以把握，再加上训练场地比较简陋，训练过程中很难自主控制训练难度，使得循序渐进原则无法在速度练习中得以有效的施展。此外，青少年作为足球教学训练的初学者，教练员在足球教学训练过程中对于一些需要掌握的技术、动作往往是大而化之，甚至对一些复杂的动作进行修改，对于循序渐进的教学

原则也仅仅停留在形式化中，最终造成青少年足球教学训练的徒劳无功，还浪费了青少年大量宝贵的足球训练时间，进而还重重地打压了青少年足球训练的积极性。

（三）青少年足球教学训练循序渐进原则的应用策略

1. 正确青少年循序渐进原则的指导思想

青少年足球教学训练指导思想的确立是循序渐进原则在青少年足球教学训练得以有效应用的重要基础。对于当下的青少年而言，足球运动只是其一时的热爱。足球教学训练员要想让青少年重视足球教学训练必须要有一个教学指导思想的支持，让青少年立足于实际，切实打好足球训练的各项基础，减弱其浮躁情绪和好胜心理。帮助其稳定比赛心态即既不好高骛远也不妄自菲薄。

除了青少年以外，足球教学训练员也要摆正自己的教学态度，不可急于求成，让青少年过度参加足球比赛，忽视了青少年基础训练的练习。因此，在青少年的足球比赛中根据青少年的技能状态，每年选择 50 场比赛到 70 场比赛为宜，剩下的时间则应该将青少年足球教学训练的时间、休整时间、比赛时间进行合理的规划，遵循训练的科学化、合理化原则，对青少年的足球技术以及身体素质基础进行强化。

2. 循序渐进原则在对抗性练习中的比重把握

对抗性来练习是青少年足球教学训练中一个占比较大的训练模块，但是在实际的训练中由于循序渐进原则难度拿捏不当，很容易造成训练过程中的失误现象。这种情况下极其容易造成青少年的心理创伤，打压青少年足球训练的积极性，而且还容易对青少年的身体部位关节造成损伤。基于这种现象，为了合理化地掌握循序渐进原则的训练难度，建议青少年在初期一到两年的足球教学训练，足球教学训练员，运用 10% 到 15% 的时间进行对抗性练习的指导，并且给青少年穿戴一定的比赛护具，避免其受到身体损伤。然后，随着青少年在足球教学训练中技能和各项身体素质的增长，逐渐增加对抗性训练的时间比重但是总比重不应该超过 25%。

3. 循序渐进原则下对青少年全面基础技术的训练

青少年的足球教学训练中最容易忽视的便是全面基本技术的训练，但是青少年全面基本技术确实青少年练习各县足球技能的技术，也是提升其训练速度的重要基础。而循序渐进原则之所以不能在青少年足球教学训练有效应用实施，很大一部分原因也在于足球教学训练员对全面基本技术的忽视，致使青少年的足球基础不扎实。而循序渐进原则又难以把握训练难度，进而造成循序渐进原则难以在青少年足球教学训练中取得其预想效果，青少年的足球技术也与训练预想差距甚远。由此可见，加强青少年足球教学训练的全面基础技术练习的重要性。

综上所述，素质教育背景下，各大高校越来越注重青少年的体质训练，并且从开展了一系列的体育运动，用于青少年身体素质的提升。足球运动对于青少年而言，本身就有一种独特的吸引力，而且也是高校体育教学运动中常见的一种训练。因此，在高校的足球教学训练中，青少年都抱有浓厚的学习兴趣。然而，由于足球教学训练中遇到的各项阻碍因素，致使循序渐进原则不能得以有效运用，使得青少年足球教学训练无法有效施展，鉴于此，还应该采取一些措施对其进行改善优化。

第五章 高校足球教学的理论研究

第一节 高校足球教学存在的问题

随着国家对体育事业的重视，特别是对高校学生的身体素质以及高校体育教学的关注，各高校都在努力开展多种类型多元化的体育教学。足球作为高校体育课程之一，深受同学的喜爱。但在高校足球教学中仍然存在许多问题。本篇论文将浅谈高校足球教学存在的问题并提出相应的改进措施。

足球，有"世界第一运动"的美誉，是全球体育界最具影响力的体育运动，受到世界各地人民的喜爱。高校足球也一直是学生们喜爱的人气项目。高校足球教学对于培养学生们对足球的热爱，提高足球在中国的影响力以及促进中国足球事业的发展均有很大的影响。因此，我们更要重视高校足球教学在具体教学过程中存在的问题，及时改进问题，发挥高校足球教学应有的作用。

一、高校足球教学存在的问题

（一）教学脱离本质，流于形式

高校足球教学应当本着培养学生的足球兴趣，教授足球知识的目的，但在具体教学实践中，教师往往只传授与考试相关的足球技巧，对与其他的知识很少讲述，这样的授课方式会大大打击学生的学习兴趣与学习热情，学生并未真正理解足球这项运动的乐趣所在，仅仅是为了应付考试而进行学习。这样的教学与学习都是流于形式，学生上完一学期的课后很难再有兴趣学下去，因此大部分学生都只是在体育课上简单地接触了足球，课下很少会再深入学习。这样的足球教学是不彻底的，也是不合格的。

（二）教学内容单一，不合理

高校足球教学内容中最重要的组成部分是各种足球技术。教学内容缺乏兴趣，学生的热情不高。目前，大多数大学的教学内容具有专业性和竞争性，健身效果不突出，教学内容的包容性不够。足球教学的内容主要集中在基本技术上，不足以适应足球比赛规则，足球比赛等内容，不能从根本上改变原有的体系。足球课程的内容与学生的生活相分离。知识陈旧，新知识难以产生并进入课堂。迷信技巧，不具创新性，难以吸收。新概念下的课程内容削弱了学生的学习兴趣，学生的积极性不高。

（三）师资力量与教学设施不足

足球运动需要较大的场地，一些高校的教学基础设施并不完善，学生没有足够的场地和器材学习，想要课下练习更是不可能。高校足球教学的师资力量不够，老师往往教好几个班级，大大降低了老师的积极性，一些教师的专业知识技能并不完善，教学质量存在问题。同时，高校对于足球运动的推广和重视不够，足球竞技比赛举办较少，缺少了足球比赛，同学很难将学到的足球技能运用起来，足球学习不够深入。

二、改进措施

（一）重视培养学生足球意识

在高校足球教学中，让学生掌握必要的足球技术固然重要，但对学生足球意识的培养同样不容忽视。因为这不仅是素质教育提出的要求，也是提高学生综合素质必不可少的条件。对此，一方面要在实战技术课教学的同时渗透一些足球理论常识；另一方面，要多组织一些比赛，让学生在具体的比赛中去领悟足球技术和足球精神的真谛。同时，在足球教学中引进以人为本的快乐体育教学理念，对于提高学生的兴趣，以及引导学生培养足球意识同样至关重要。

（二）丰富教学内容，改进教学方法

基础的足球教学缺少趣味性，应在基础足球教学中加入一些有趣的游戏，提高学生的积极性和学习兴趣。同时，足球运动需要较大的体力，针对当今学生普遍身体素质偏差的情况，应当加入适当的体能训练，使学生在足球学习中也能提高身体素质，更好地进行足球学习，全方位提高学生的体育热情与身体健康。这对于提高国民身体素质，锻炼学生体育精神也有很大的帮助。

（三）完善教学基础设施，提高教师专业素养

教学人员的专业性和教学设备的完善直接关系到高校足球选修课的教学水平。因此，在认识到开设足球选修课的必要性的同时，高校应加大投入，积极吸引高素质、经验丰富的足球教育人才，从而保证高校足球选修课教学人员的基础。并在此基础上，积极完善足球硬件设施和设备，使足球教学资源满足实际教学需求，为学生提供优质的足球训练环境，提高高校足球选修课教学的整体素质。

（四）提高学生应用能力，积极举办相关活动比赛

学生光在课堂上学习相关足球技能，是远远不够的，还需要经过多次长时间的锻炼，才能熟练运用掌握这些足球技能。因此，学校应该提供相关的比赛机会，让学生享受足球比赛的乐趣，体会到足球这项运动的魅力，这样学生才会保持对足球运动的喜爱，以至于

真正爱上这项运动。此外，足球比赛的观赏性也很强，借多种多样的足球活动、足球比赛，也可以让更多的学生参与到足球运动中来，使更多人了解足球，爱上足球。

足球作为世界第一运动，具有其独特的魅力。在当今中国，足球的影响力不如乒乓球、篮球这些运动项目。但我相信在国家的支持和无数足球人才的努力下，高校足球教学能够越来越好，我国的足球事业也会更上一层楼。

第二节　高校足球教学改革必要性

高校足球教学改革有一定必要性，表现为保证了学生有良好身体素质，进一步提升学生的心理素质。为此必须深化高校足球教学改革，关注高校学生个性的发展；增加足球教育资源的投入；丰富高校足球教学的内容；科学化足球教学的方式，为学生更好发展提供必要支持。

随着素质教育在我国深入，我国高校体育教育的改革取得很多成绩，更多类型的体育活动融入高校体育教学的课堂上，最为典型的就是足球活动。为更好地开展素质教育，在高校体育课堂上组织了多样的足球活动，也受到了师生的青睐，在课堂上占有重要地位。体育教师要明确足球教学改革的必要意义，同时针对存在问题，提出有效的改革策略。

一、高校足球教学改革的必要性研究

（一）为保证学生有良好身体素质奠定基础

高校是培养素质型人才的重要场所，其中体育教育的足球教学则是重要教育元素，推进足球教学改革，才能优化足球教学方式，更有效地提高高校学生的身体素质。体育教师分析新形势下教学需求，对足球教学模式和环境不断地调整和创新，才能更好地促使学生身体技能的发展，适应自身需求。让学生感受足球训练的快乐，感受到强身健体的意义，进而有一个良好的身体素质。所以，必须推进高校的足球教学改革，提高教学质量。

（二）进一步提升学生的心理素质

新时期背景下，高校进一步推进足球教学的改革过程，能够更好地提升学生的心理素质。优化的足球教学下，能够为学生提供优化的运动环境，借助足球运动，形成顽强和坚韧的品格，以为将来更好地适应社会环境奠定基础。还能帮助学生更好地面对生活中各种困难与挑战，激发学生潜在的学习潜力。

二、深化高校足球教学改革的策略分析

（一）关注高校学生个性的发展

高校足球教学更加重视总体学生的发展，很少能关注到学生个体的发展，这是体育教师需要强化的地方。高校学生是未来建设祖国的主力军，是民族希望，是祖国未来，他们成长要兼具"全面"和"个性"。因此，高校体育教师在足球教学中，要对学生们的个体情况进行分析，制定出针对性的教学方案，选择合适的教学内容。同时积极引导学生们学习足球理论知识，进行实践训练。并以足球特殊性，采用多样化教学方式，循序渐进地帮助学生学习，对比重点和难点，找出适合每个学生的教学模式，让学生能够积极地提问，也要进行思考和实践，更深刻地理解和掌握足球运动原理。秉承"立德树人"的教学理念，传授给学生足球运动知识和技能，并引导学生养成良好道德素质，提高思政政治水平。

（二）增加足球教育资源的投入

足球教育资源包括了师资力量和教学设备等，因此应当从两个方面谈教育资源的增加。第一，高校体育教师树立终身学习的观念，不断提升教学素质，提高足球专业的素养，优化体育知识结构，深度了解人体组织结构，具备一定运动生物化学知识，提高足球教学能力，创新教学方法，这样才能根据教学中实际情况，随时调整教学方法，保证教学有效进行。严格把关足球教师的招聘，重视足球技能和教学水平的考核。学校还要为教师提供必要的培训，或者深造的机会，适当组织一些体育教师专业技能的座谈会，促进体育教师各个方面能力的提升。第二，增加对足球教学设备、设施等资源的资金投入，采购新的运动设施，建设更安全和便利的训练场地。

（三）丰富高校足球教学的内容

推进高校足球教学改革，必须考虑到学生真实感受，从实际情况出发，优化教学内容，使得足球教学的内容更加丰富。足球教学改革，教学模式优化是一个重要内容，也不能忽视教学内容的优化，设计丰富多样的教学活动，针对性地提出教学方案，从学生具体情况出发，编制不同的小班，或者让学生以小组为单位参与足球教学，开展相应的足球训练互动。教学形式、教学内容、教学评价，都要有针对性地制定，让学生能够得到个性化的发展，获得足球运动的快乐，进而更积极地投入足球活动中，全方位提升自身素质。

（四）科学化足球教学的方式

站在高校体育整个教学的角度去看，体育能够促使学生身体和心理达到更完美的融合，表现在学生所掌握的知识、行动动机、思维模式、观念、需要、技能、目的等方面。因此，高校足球教学要以提高学生身体素质，促进学生身体健康地发育，让学生形成良好体育精神为教学目标。以此为目标，优化足球教学方式，使得教学方式更加科学化。足球教学不但要让学生在课堂上参与足球运动，还要在实际生活中养成足球运动习惯以及其他体育运

动习惯。足球教学应当提升足球运动的趣味性和健康性，显示出学生喜欢的方向，创新高校足球的教学模式，推进进行改革的进程，保证足球课堂的丰富性、精彩性、趣味性，激发学生对于足球运动的兴趣，使得学生更全面地了解足球运动，体会到这是一项全面、简便、有效的娱乐活动，感受运动的快乐。

综上所述，高校推进足球教学的改革，有一定必要性，对学生未来发展有着积极意义，因此要从不同方面进行足球教学改革，更高效、更高质量地开展足球教学活动。

第三节　高校足球教学实效性的提升

为在日常教学中展示足球运动的魅力，让大学生喜欢上素有第一运动之称的足球运动，就必须提升足球教学的实效性。文章认为可选择的路径为：树立正确教学理念、营造和谐的课堂教学氛围、甄选足球教学内容、教学方法要灵活多样与考核时做到分层施评。

随着素质教育的纵深推进与高校体育教学改革的同步发展，当前高校足球教学改革的步伐也在不断加快。绝大部分高校的足球教学已突破了过去那种侧重于竞技足球教学的拘囿，逐渐向全面培养大学生的综合素质与体适能健康的方向迈进，并在探索与发展中不断创新。事实证明已取得可喜成绩，足球教学改革也呈现出了良好的发展前景。另一方面，由于改革永无止境，大学生的体育诉求也呈多元化的发展态势，为此，必须以提高足球课堂教学的实效性为突破口，发挥课堂教学的引领作用。本节在结合日常教学实践的基础上提出了相应的提升路径，以期能为当前高校的足球教学改革提供一点有益的参考。

一、树立正确教学理念

校园足球与职业足球在学训目标、教学理念等方面存有明显的不同，高校大学生不是为了提高竞技水平为国争光，而是围绕掌握足球运动的基本知识与技能而开展的，其终极目标是完善人格、健体悦心、磨炼意志、增强自信心等，并在此基础上实现人的全面发展。因此，在对大学生进行开展足球教学与训练时，先应树立正确的教学理念，落实以人为本的科学发展观，在"健康第一"的指导思想下，遵循教育规律，从维系大学生身心健康、磨炼意志、促进个性的全面发展等方面来开展日常足球教学工作。在日常教学实践中要注重教学内容、方法等的选择，指导大学生在掌握足球运动基本知识与运动技能的基础上，把培养大学生足球兴趣，激发大学生的爱国情操与民族精神，并具有一定的社会责任意识与担当精神。

二、营造和谐的课堂教学氛围

积极的情感是营造和谐体育课堂心理气氛的前提。师生在课堂上都具有理性和平、乐观阳光的心态，彼此就会共同营造出和谐的课堂教学氛围。成功的经验表明，积极向上的情感有利于和谐课堂教学心理气氛的形成。因此，足球体育教师要面带微笑、怀着轻松愉悦的心情给大学生上课。在课堂上要和颜悦色、幽默风趣、和蔼可亲、平易近人，把足球知识与运动技能用微笑和真情的方式传授给大学生，让大学生亲其师后学其道；其次，足球教师并通过语言和标准规范的动作示范来传递自己的良好的情绪和情感，传递对大学生体适能健康的关怀与帮助。这样就能营造出一种生动、活泼、愉悦的学习心理气场。足球课堂教学的有效性才能进一步发挥出来。

三、整合足球教材，甄选足球教学内容

课程改革是体育教学改革的重中之重。相关研究表明，现在绝大部分高校使用的足球教材还在沿袭"竞技足球"领域中的内容、原则与方法，为此笔者建议，为适应新时期大学生的体育诉求，应关注足球运动的最新发展动向，要整合、甄选适合时代发展需求的足球教学内容，体现出趣味性与娱乐性，在教材使用方面更具有实用性与针对性。同时，足球教学内容的选用必须要与时俱进、周全考虑，注重以下三个方面：第一是注重基础性，大学生来自不同的地域，足球基础不同；第二是终身学习与锻炼的基础；二是通过足球运动来培养大学生的终身体育意识，将来走向社会，所学足球知识与运动技能依然有用武之地，依然能为身心健康、健体悦心、带动周边亲友、同事积极参与运动锻炼，推动社区足球运动的和谐有序开展；三是整合后的足球课程内容真正符合高校教育规律，以实现大学生的全面发展与提高体适能健康水平为终极旨归。强身健康第一、以人为本，力求使课程内容贴近大学生未来的社会生活，进一步适应社会快速发展的需要。

四、教学方法要灵活多样

众所周知，兴趣是最好的老师，也是大学生参加体育活动的动力之源。在分层教学模式中，所选用的教学方法要规避传统的"讲解—示范—练习"方法的单一性与枯燥性的缺陷，将所学体育课的教学目标、内容、原则、裁判标准、评价方法等科学地融、贯穿在一起，灵活运用多种教学方法，例如多媒体教学法、竞赛法、自主探究法、体育游戏法等多种教学方法，使大学生感觉焕然一新，不知不觉地顺利完成了教学任务。再如在足球教学中，适当多采用分组教学法，让低水平组采用多媒体教学法，让他们看奥运会、亚运会、世锦赛，中国男足、女足篮比赛视频，先培养他们的足球兴趣；中水平组学练原地传接球后，采用自主探究法，怎样在 S 形跑的过程中带好球，中水平组采用体育游戏法，（小场地）小组定点抽射接力练习，落后队集体罚俯卧撑 10 个；高水组运用竞赛法，采用分组对抗赛。总之，多种教学方法的灵活运用要从激发兴趣开始，逐步提高他们参与足运动的自主动性，体验到足球运动所带来的益处后，在课余时间也会一如既往地参与，并指向与集中于某一运动项目，久而久之就会养成一种足球运动习惯。

五、考核时做到分层施评

为了确保大学生都能完成相应的层次目标，体育教师应在分层教学的基础上采用分层评价的考评方案，来公平合理地考评足球基础不同层次的大学生，做到因材施教与分层评价相结合，避免了一刀切的弊端。体育心理学研究表明：大学生在鼓励和赏识性评价后，能产生愉悦的情绪体验，会以更高的热情与注意力参与到学练过程之中，课堂教学收效会更加明显。因此，在足球教学实践过程中，高校足球教师应以激励为主，结合大学生的足球基础与学练态度，全面地、综合性地评价大学生，不仅包括教学目标完成质量，还应综合考虑大学生的进步幅度，体现公平，使不同层次水平的大学生都能从自己的每一次进步中感受到成功的喜悦，增强自信心，提高对足球的学练兴趣，逐步形成终身足球意识。

第四节　高校足球教学中的运动负荷控制

全面推进校园足球背景下，大部分高校体育课程将足球作为主要内容。足球运动对抗性较强，要求学生具有一定的体能，运动过程中经常出现学生运动负荷过大的情况，直接影响到学生身体健康。这就需要教师在足球教学过程中，围绕学生身体健康的基本原则，合理控制学生运动负荷，改善传统足球教学的不足。本节以高校足球教学现状为切入点，探讨教学过程中控制运动负荷的策略，全面提升足球课程教学质量。

近些年，国家不断提升对校园足球的重视度，并陆续出台各项政策支持落实校园足球推广。足球运动整体呈现出对抗性、灵敏性等特点，同时锻炼学生各项身体素质，这也是高校将足球运动作为体育教学主要内容的原因之一。通过足球运动，可以帮助学生形成良好的品质，提升大学生身体素质与心理健康。本节就此展开相关论述。

大学生时期身体与心理快速发展，但我国大学生整体身体素质逐年下降，情况不容乐观。依据大学生体质与健康的调研结果表明，大学生形态发育水平提高且营养状况得到改善，但体能指标如速度、力量等出现下降。运动负荷又将其称为生理负荷，也就是训练过程人体能承受的生理负荷，足球运动符合又分成运动量与运动强度，只有确定合适的运动负荷，才能达成足球锻炼的目的。

就目前情况来说，高校足球教学过程中普遍存在一些问题。体育教师并未科学、合理地计划与安排足球课程，忽视训练与提升学生体能。部分教师自身缺少运动负荷这一概念，无法有效把握学生训练强度；足球教学形式过于单一，训练过程缺少针对性。同时，教师并未重视学生恢复训练，学生完成负荷训练后机体出现疲累感觉，如果缺少科学恢复训练或不正确的恢复训练，会给学生造成不同程度的运动损伤，甚至会出现其他严重情况。

一、高校足球教学过程中控制运动负荷的措施

（一）调整教学内容，明确足球教学任务

高校体育课堂足球教学时，教师要有效控制运动负荷，与教学目标结合起来，避免出现学生超负荷运动的情况。体育课堂上教师要合理分配各个环节，提升课堂时间的利用效率，教学过程中合理控制运动负荷。

比如，足球教学的主要组成就是射门，为了让学生掌握与之相关的内容，教师课堂教学时可以按照以下顺序进行。课堂上将全班学生分成若干组，要求学生围绕操场跑圈完成热身，需要花费 15min 左右进行跳跃、灵敏等方面训练，利用运球绕杆复习与培养学生球感、传球接球大约需要 7min，花费 8min 时间讲解射门动作理论，接着分小组联系神门动作 15min，然后利用最后 5min 时间进行恢复训练与课堂总结。

（二）创新教学方法，提高课堂教学质量

高校体育足球教学的过程中，体育教育不能墨守成规，要结合人才培养目标打破常规教学模式的限制，可以引入新的教学方法，选择合适的教学目标，实现教学方法与资源的整合。

同时，实际中足球教学模式较为单一，造成部分学生对于足球学习兴趣不大，要丰富教学手段以促进教学质量提升。传统足球课堂上，教师习惯先讲解理论知识，随后就开始自由练习活动，这种模式造成学生运动负荷增加，还会对足球学习积极性产生影响。

例如，双人颠球、8 字绕桩、投球接力赛等，这些都是最为常见的足球游戏类型，在教学过程中教师需要根据学生实际情况选择合适的游戏类型组织学生进行锻炼，例如投球接力，主要帮助学生熟悉球性，掌握身体和球之间的位置关系。游戏规则，学生持球自然站立，控球绕腰 1 周，然后弯腰，使球在地上绕身体 1 周，会后让球呈"8"字形从两腿间穿过，站立，双手置球于身后，将球从头顶向前方抛出传给下一位同学。通过这类游戏，让学生感到满满的运动激情，全面调动学生运动兴趣。

（三）安排休息时间，做好体能恢复训练

教师需要按照天气和季节变化，对学生运动负荷进行调节，确保学生在最短时间之内实现对自身体能的提升。例如，夏季天气酷热，在训练时教师要尽可能抓住重点，缩短时间，避免学生中暑。为提高教学效率，教师可以将课堂教学内容一分为二，在完成基础练习之后可以拿出一部分时间让学生进行自由活动。同时为有效控制运动负荷，在学生训练时还要适当进行修整，如训练 20min，休息 5 ～ 8min，帮助学生进行调节，缓解其疲劳感，以免学生产生疲倦感和抵触心理。

另外，在足球训练结束后，教师还要根据学生实际情况选择合适方法引导学生做好恢复训练，放松和缓解学生运动后心理和身体上的疲劳感，减缓肌肉疲劳，以免高强度训练

为学生身体带来不适。此外，学校还要重视对教师技能的培养和训练，提高教师个人素质和教学能力，制定合理规范的教师培训制度，鼓励教师积极参与，学习先进的运动技巧和理论知识，对教学中的不足努力弥补和改进，全面提升学校现有足球训练教学中的不足。最后，在开展足球训练教学时，还要根据教师兴趣和职业规划，当今社会对于体育教学的期望等，及时调整和改进培训计划，确保教学活动的开展更加符合学生需求和社会期望。奠定足球课堂教学质量提升的基础，促进学生综合素养的提升，顺利走上工作岗位。

总之，足球运动教学过程中控制运动负荷，要求教师了解学生实际情况，掌握学生身体状况，结合教学目标制定合适的教学计划，达成提高学生身体素质的目的。希望通过本节论述，为类似研究提供借鉴，大幅度提升高校足球教学质量，促进大学生身体素质的提升，为大学生顺利走上工作岗位奠定身体基础。

第五节　高校足球教学内容的探讨

国家发展战略把振兴足球作为很高社会冀望，高校足球传播和教育也推上了重要的位置。通过足球项目学习，能为校园传播吃苦耐劳、团结协作的体育精神。在高校足球内容教学上在此提出一些建议，促进足球教学往科学化和更有利方向发展。

随着国家的改革发展，2015 年通过了《中国足球改革总体方案》，提出："实现中华民族伟大复兴的中国梦，与体育强国息息相关，发展振兴足球是建设体育强国的必然要求，是全国人民热切期盼；要让校园足球、职业俱乐部、社会足球各种培养路径有效衔接。"可见足球改革和发展已经提升到了国家战略高度，作为中间力量的高校足球教育也面临改革和发展。本人参考了大量文献，根据多年教育经验，对高校足球教学内容提出以下几点看法。

一、让大学生学习足球运动常识

现代足球起源于英国，起初比赛是在城市的街道上进行，1580 年足球作为学校足球的体育活动在英国的大学校园内进行。1840 年足球运动由英国传入中国。到 1863 年 10 月 26 日英格兰足球协会成立并制订世界上第一个统一的足球规则，从此宣告现代足球诞生。国际足球联合会（FIFA）成立于 1904 年 5 月 21 日，目前是世界最大的国际单项体育组织，共有 200 多个会员协会，足球运动号称世界第一运动。

国际足联世界杯至 2014 年已举办了 16 届，是世界体育项目中最具影响力的赛事，第一届比赛于 1930 年在乌拉圭举行，乌拉圭夺取了第一个世界冠军。

二、足球运动的作用

有利于良好的心理品质及思想品德的形成。经常从事足球运动，不仅对自身良好性格的形成能产生巨大的影响，而且还可以培养人的意志、自制力、责任感及勇敢顽强、机智果断、坚韧不拔、勇于克服困难、团结协作、密切配合、集体荣誉感、守纪律等思想品德。

有利于增强体质、促进健康。足球运动是全面锻炼和健全体魄的良好手段，是全民健身活动中一项行之有效的体育运动项目。经常从事足球运动，可以提高人们的力量、速度、灵敏、耐力、柔韧等身体素质，并能使人的高级神经活动得到改善，尤其能增强人体的心血管系统、呼吸系统等内脏器官的功能，从而促进人体的健康。

有利于精神文明建设。在改革开放的今天，足球已成为我国许多城市中人们生活的一部分。人们从踢足球中得到情绪体验、从看足球中得到艺术享受、从谈论足球中得到思想交流，足球运动丰富了人们的业余文化活动，提高了人们的生活质量。足球已成为一些城市的政治、经济、文化、生活的重要组成部分。

有利于振奋民族精神，在重大国际足球比赛中，能激发人民团结拼搏、进取向上的精神和爱国主义热情。

足球运动是一项高速状态下的强对抗集体项目，通过长期的训练，培养了运动员坚韧不拔的意志品质和不怕困难、吃苦耐劳的精神，使他们在文化课及专业学习中做到发扬这些优良品质有利于成绩的提高。

足球比赛不仅是技术、战术、身体素质的对抗，更重要的是智力和心理的比拼，比赛中要求队员集体配合，这些要求都是对运动员全面素质的锻炼，是培养和开发他们智力的全过程，使他们情商和智商得到全面的发展的一种良好方式。

参加足球训练的大学生通过长期参加足球训练和比赛，他们可能成为不了高水平的职业球员，但综合素质得到全面发展，他们将来对社会环境的身体素质、适应能力和竞争力会高于其他的同学。

三、对大学生学习足球专业素质的培养

足球专业素质包括力量素质、速度素质、运动耐力素质、心理机能训练等。在大学生的足球训练中首先，应该进行全面身体素质，为最大限度提高专项水平提供基础。其次，进行系统训练，保证体能不断巩固与提高，适应比赛要求。然后，进行大运动量训练，能提高训练水平和运动成绩。最后注意一般训练和专项训练相结合，使训练出的良好身体素质在比赛中充分发挥出来。除此之外还要注意以下两方面的培养：

（一）在足球学习中锻炼大学生的专项能力

足球专项能力是指清晰的感知觉：位置感、球感、方向感、速度感、时空知觉、与队友的默契配合、射门意识、抢点意识等；分析判断能力：捕捉信息、全面观察局面、善于

把握机会和抓住关键；思维决策能力：敏捷思维和果断决策应变能力；灵活多变应对局面的创造力：创造性运用技术战术的能力；注意分配能力：同时注意2个以上目标即队友、对手、球、位置等的注意；注意的广度：注意的范围视野比赛场上广阔的视野，有助于观察和判断；注意的适度集中和稳定：始终专注场上局势的变化，不顾及场外注意的适时转移，及时摆脱不必要的纠缠纠纷和困扰。

在足球课堂中注意培养学生的：敏捷性、挑战性、敢为性、准确性、战略性、坚韧性、转化性是教学的目标。

（二）在足球学习中锻炼大学生的心理能力

在对大学生的足球训练过程中，需要教练员重视情感投资，关心和爱护队员和学生交朋友，平等相处，动之以情，晓之以理，学会控制情绪，适当满足学生的好奇心。

在教学中纠正想赢怕输的心理，盲目自信与自卑交织的情结要注意以下几点：减少使用消极的语言暗示，加强积极的语言暗示；减少不利的他人参照提示；保持积极的心态，确立正确的任务取向目标与正确的胜败观；在日常训练中培养运动员善于把失败转化为增强自信心的信息源；正确看待失败，客观、细致地分析失败的原因，真正从失败中找到进步的线索。当一个运动员善于总结会失败，并结合自身特点在失败中不断完善自己，对于胜败得失，在心理定向上已经逐步趋向于任务定向而非成绩定向，把比赛发挥的好坏作为自我满意度的一个标准，而不是简单地以胜负论英雄。运动员有了这样的心理定向后，即使处于不利和困境中，也能建立起自己强大的自信心。

消除赛前过度紧张焦虑。进行呼吸调节：比赛前，在脑中清晰地重现自己过去获得成功时的最佳表现，体验当时的身体感觉和情绪状态，以增强信心。

进行活动调节：做好充分的准备活动，让自己的身体机能适应比赛的要求，避免运动损伤和让身体处在最佳状态。

自我暗示：如用"我很镇静"代替"我不紧张"，用"我很稳定"代替"我不能失误"，用"我站得很稳"代替"千万别摔倒"等。

注意转移：谈论比赛之外的轻松话题，想象自己舒适的环境和开心的场景，不比赛的紧张情绪转移。

四、克服社交恐惧，增强团队凝聚力

在学习过程中沟通和交流做到相互了解、心理相容；在运动过程中理解和帮助即取长补短、共同提高；增强团队意识，荣辱与共、同舟共济。

增加集体荣誉感和责任感明白这是我们共同的任务，同样的使命、共同的团队，从而形成团队的凝聚力增强配合。

五、让学生学习足球训练和比赛过程中的运动营养知识

长期参加足球运动训练和比赛的大学生，比其他大学生消耗身体能量更大，因此，这些同学必须进行营养补充。在训练期要做到以下营养总则和措施：

（1）坚持膳食多样、全面、适量的基本原则，按照"四多"和"三少"的方法进行配方："四多"：主食：蔬菜、水果、奶制品或豆制品；"三少"：油脂、肉类、油炸食品。

（2）在日常膳食中增加摄入符合的碳水化合物，即含糖量高的碳水化合物，如：大米、面、甜食等，因为人体消耗总能量的60%～65%来自碳水化合物。

（3）合理选择含糖食物

训练后选择高血糖指数食物：玉米、土豆、蜂蜜、全麦面包、大米、牛奶、番茄汤。在训练前2～3小时选择低血糖指数食物：红薯、豌豆、橙汁、苹果、冰淇淋、花生。

（4）注重早餐和必要的加餐：保持有规律的早餐，加餐以点心为主，一日三餐的能量摄入分配：早餐30%，午餐40%，晚餐30%。

（5）限制总的脂肪摄入：少吃油炸食品、黄油、肥肉和油腻的奶制品。

（6）适量的摄入蛋白质：每日摄入蛋白质每公斤体重1.0～1.5克含量。

（7）训练前应避免摄入纤维性蔬菜，如：粗粮、韭菜、干豆等。

（8）依靠食物摄入维生素和矿物质，不适用生物制剂补充维生素和铁、锌、钙。

（9）训练过程中补水应以运动饮料为主，不能补白水和高浓度的果汁。

比赛期间的膳食和营养补充要做到以下三点：赛前用餐时间：赛前2～4小时；赛前用餐配方：以谷物类的碳水化合物、蔬菜和水果为主；赛前补水：赛前30分钟摄入100毫升运动饮料。比赛后的营养恢复：主要补充碳水化合物。学生掌握这些营养知识对足球训练起到了很大的帮助。

六、使学生了解足球运动员常见运动损伤的防护与急救

运动中受伤按组织结构分为软组织损伤和骨骼损伤，足球运动员中常见的损伤以下肢为主，主要是软组织损伤，近几年调查的资料显示，足球运动中常见损伤47.8%的损伤在四肢。

（一）运动损伤的防护

宣传教育：要给学生讲解准备活动的意义，告知他们训练和比赛中会受伤，使他们养成训练和比赛前认真做好准备工作如：热身运行、鞋、护腿板等装备的检查工作。

加强身体素质的全面训练：提高机体对运动的适应能力，综合身体素质的提高，对避免对抗中受伤起关键作用，教师在足球课教学和训练中应加强各项身体素质的训练，使学生有强壮的体格，避免受伤。

科学安排教学训练和比赛：根据大学生的生长发育情况，防止运动量大造成疲劳给学

生带来的损伤。

运动中的保护：教会学生运动对抗中合理保护自己，如：在对方冲撞、铲球、头顶球争夺时如何保护自己。

加强医务监督：教师要随时了解学生的身体状况，在足球训练中因材施教，防止加重损伤程度，针对性的安排个人训练，避免加重伤情。

（二）运动损伤的急救

急救器材的准备：学校医务室内应备单架、毛毯、水容器和海绵、急救包。足球队训练和比赛是应将急救包带到足球场，急救包主要配备：生理盐水、酒精、碘酒、绷带、氯乙烷等。

急救办法：

闭合性软组织损伤：按 RICE 原则处理，即制动、止血、防肿、镇痛和减轻炎症；REST：休息、局部停止活动，目的是减少局部软组织出血和水肿，减轻疼痛；ICE：冰敷或冷疗是用冰块或冷水吸氯乙烷对受伤部位进行冷冻处理，损伤导致皮下软组织毛细血管出血，冰敷使毛细血管收缩，止血，使神经系统麻痹，止痛；COMPRESS：加压包扎使用绷带完成，目的是压迫血管减少软组织出血和肿胀；ELEVATION：抬高受伤肢体，作用是改进项心血循环，有利于消肿。

开放性软组织损伤。足球训练者最易受的是擦伤，处理方法是首先生理盐水清创，然后再涂酒精和碘酒，但面部擦伤只涂抹 0.1% 新洁尔灭溶液。

骨折及脑震荡：应立即送医院救治。使大学生了解运动损伤与防治方面的知识是非常有必要的，这样他们在进行足球运动中可以做好很好的自我保护，避免不必要的运动损伤，增加了足球课堂的安全性，也有利于成绩的提高。

在大学足球教学中从：让大学生学习足球运动常识、高校学生认识足球运动对培养人格的作用、对大学生学习足球专业素质的培养、让学生学习足球训练和比赛过程中的运动营养知识、使学生了解足球运动员常见运动损伤的防护与急救这五方面进行教学，全面地为高校足球学习奠定了基础，高校的足球教育将是我们长期改进和学习的课题，顺应国家政策发展，争取把高校足球教育推上一个新台阶。

第六节　高校足球教学中的体育精神

当前，高校为了培养全面发展的高素质人才，除重视专业知识教学外，对增强学生身体素质也日益重视。在此背景下，高校体育教学的内容和比重逐渐增加，除了传授给学生一定的运动技能外，更重要的是在运动中渗透体育精神教育，让学生的综合素质得到全面提升。在高校中，足球是最受学生欢迎的运动之一，学生在足球运动中不仅可以强健体魄，还可以培养和提升创新精神、拼搏精神、团结合作精神、规则意识等，而这些品质正是体育精神的重要组成部分，因此，高校通过足球教学渗透体育精神教育有重要的现实意义。

在国家素质教育目标的指引下，高校教育除专业知识和技能教育外，运动技能和健身习惯培养也不可忽视，基于此，高校体育教学日益受到重视。在高校体育项目中，足球因其独特魅力受到大学生的喜爱和，足球运动不但可以有效增强学生体质，教师还可以在足球教学中渗透体育精神教育，如培养学生的创新、拼搏、团结、遵守规则等精神，这些都是学生综合素质提升不可缺少的因素。当前我国高校的足球教学还存在一些问题，影响了体育精神教育的渗透，因此当前高校要积极探索和研究足球教学中体育精神教育的渗透策略。

一、当前高校足球教学中体育精神教育存在的主要问题

（一）教学内容和方式较为落后

足球运动有着悠久的发展历史，已经形成了较为完善的技术内容和训练方式。但是足球运动引入高校的时间不长，针对大学生的足球教学体系发展还不完善，长期以来，高校足球教学的内容和方式仍然沿用传统教学模式，没有根据时代发展和学生需求进行及时的更新和补充，例如，现代足球发展迅速，不仅有很多技术、战术和训练方法上的创新，足球比赛也有了新的发展，而高校没有及时根据现状改进教学内容和方法，仍然采用简单机械的传统教学方法：讲解要领、练习动作、训练比赛等，教学内容和方式单调枯燥，学生对足球运动的学习积极性不高，影响了高校足球教学的发展。由于传统足球教学模式中对体育精神教育涉及较少，因此沿用至今后教师大多仍然忽略了体育精神教育的渗透，落后的教学内容和方式下无法有效渗透体育精神教育，足球运动的教育作用无法全面发挥。

（二）高校足球教学师资力量不足

为了满足大学生全面发展的需求，高校体育教学中通常包含大量的运动项目，足球运动只是众多体育项目中的一种，而当前高校体育教师数量普遍不足，在此情况下，大多数高校体育教师都不是单一的负责足球教学，而是担任多个班级及多个体育项目的教学工作，这样一来，每个体育教师的教学工作沉重繁杂，时间精力分散，很难专注于足球这一个项目的教学研究和创新，导致教学内容和方式得不到改进，教师自身教学能力和专业素质也得不到提高。另外，由于教师大多不是专业足球教育出身，对足球教学的认知可能仅仅局限于基本的动作、战术、规则等，对足球专业理论知识、综合技术、精神内涵等掌握不足，对足球运动中承载的体育精神也缺乏正确认识和全面了解，因此，他们在教学过程中的没有很好地向学生渗透体育精神教育，不利于学生的全面发展。

（三）足球运动的设施和场地不完善

随着素质教育的推进，当前高校对体育教学普遍比较重视，投入了很多人力物力和财

力来建设和完善体育设施及场地，大大地促进了体育教学的发展，但是对足球运动来说，高校体育场地和设施还不够完善。足球运动相比于其他体育运动来说，运动场地有严格的尺寸标准，场地占地面积较大，地面质量要求高，建设和维护场地需要较高的费用，对高校来说是一笔不小的支出，因此，很多高校都没有建立标准的足球场地，学生进行足球练习和比赛时只能选择在普通场地进行，一方面没有标准的足球场地大大降低了学生对足球训练和比赛的兴趣，影响了教学质量和效果；另一方面，学生在普通场地进行足球训练时容易发生意外事故，学生的人身安全得不到保障。另外，足球训练和比赛是体育精神教育渗透的重要环节，如果没有规范的比赛和训练体育精神教育的效果也得不到保证。

二、高校足球教学中体育精神教育的渗透策略

体育精神包含丰富内容，如创新、拼搏、团结、竞争、遵守规则等，这些品质都是当代大学生成长发展必不可少的，因此体育精神教育是高校培养高素质综合人才必不可少的教育内容。高校在开展体育教学时要转变观念，从思想上重视体育精神教育的渗透，然后以足球运动为载体，在足球教学过程中通过不同途径，从不同角度对学生渗透体育精神教育，促进学生的全面发展。

（一）在足球教学中渗透创新精神教育

创新精神是当今社会对人才最重要的要求之一，大学生只有具备较强的创新精神和创新能力才能满足社会对人才的需求，在激烈的社会竞争中获得长远发展。足球运动本身是一项要求不断创新的运动，对培养大学生的创新精神作用重大，因此，教师要重视在足球教学中渗透创新精神教育。首先，教师要不断创新教学内容和教学方式，教学内容方面：教师要及时关注当前最新的比赛状况，了解新的比赛战术和训练方法，然后加以改进应用到教学过程中。另外，增加足球理论教学的比重，让学生对足球运动有全面科学的认知；教学方式方面：不能对所有的学生不加区别，而应该分析学生的不同特点和优势，然后采取有针对性的分层教学，以此提高教学效率。教师在不断改进和创新的过程中会使学生受到潜移默化的影响，感受到创新带来的改变，从而形成创新意识。其次，教师要引导鼓励学生在足球运动中积极思考、发挥想象力、不断创新，这不仅有利于足球运动的开展同时也是素质教育的要求和培养目标。足球是一项灵活性很强的运动，没有固定的套路和方法，比赛过程受到很多因素的影响，存在很大的偶然性，因此，要求学生在足球运动中要随机应变，发挥创造性思维，随时根据场上情况创新思路和方法。由此看出，足球教学是渗透创新精神教育的有效途径。

（二）在足球教学中渗透拼搏精神教育

拼搏精神是大学生在人生的任何阶段都必须具备的优良品质，无论现在的学习还是将来的就业，具备拼搏精神对他们的发展大有裨益。在当今社会，经济快速发展，大学生的生活环境和物质条件得到了极大改善，在这种安逸的氛围中，很多大学生滋生了负面情绪

和思想，例如，生活和学习缺乏目标和信仰；遇到困难和挫折意志消沉、一蹶不振；碰到稍有难度的事情就退缩不前，缺乏努力的信心和毅力，这些都是大学生拼搏精神缺乏的表现。大学生一旦缺乏拼搏精神，在今后的就业中就无法适应激烈的竞争环境，很难得到良好的发展，因此培养大学生的拼搏精神迫在眉睫。足球运动是最能体现拼搏精神的运动之一，教师在足球教学重视渗透拼搏精神教育可以取得良好效果。足球比赛通常持续时间较长，对参赛人员的体力、脑力、意志力都是极大的考验，没有顽强的拼搏精神作支撑很难完成比赛。在足球教学中，教师一方面要通过运动员顽强拼搏的事例来鼓舞和激励学生，另一方面让学生在实际的练习和比赛中亲身体验，让学生感受到拼搏带来的满足感和获得感，以此向学生渗透拼搏精神。具备了顽强的拼搏精神，学生在今后的学习和工作中就能够勇敢面对各种困难，获得更好的发展。

（三）在足球教学中渗透竞争精神教育

当今社会，竞争无处不在，对大学生来说也面临来自各方面的竞争：学习中要在学习成绩上竞争、在学校活动中要参与竞争、毕业后面临激烈的就业竞争、上岗后需要面对工作业绩竞争等，竞争已经成为生活和学习中不可缺少的组成部分，因此培养大学生的竞争精神是非常必要的，在竞争精神的指引下可以促使大学生不断完善和提升自己，成长为优秀人才。足球是一项群体性运动，可以看做一个浓缩的社会群体，双方之间存在很强的竞争性，在足球运动中，比赛双方都为了获得胜利而努力竞争，因此，足球运动是最能体现竞争精神的运动之一，教师有必要在足球教学中渗透竞争精神教育，可以从以下两个方面进行：一方面，教师要培养学生面对竞争的正确态度：对于实力强的对手不能畏惧，要敢于竞争，对于实力弱的对手不能掉以轻心，要重视竞争、科学竞争，只有这样才能在竞争中获胜；另一方面，教师引导学生树立公平竞争的意识，在竞争中要遵循公平公正的原则，通过公开透明的方式参与竞争，严禁不正当竞争，培养大学生良好的竞争品格。总之，教师要通过足球运动引导学生树立正确的竞争观，渗透竞争精神教育。

（四）在足球教学中渗透遵规守纪教育

在我们的生活和工作中处处充斥着规则和纪律，我们的一切行为都要受到相应规则的约束，只有遵规守纪才能更好地生活和工作。大学生在校园时期生活相对单纯，很多学生遵守规则的意识还不够，因此高校要加强对学生遵规守纪方面的教育，保证学生在踏入社会后能获得长远发展。足球运动是一项组织性纪律性很强的运动，其中包含很多的运动和比赛规则，在遵守相应规则的前提下才能顺利开展足球运动，因此教师要通过足球运动强化学生的规则意识，渗透遵规守纪教育。在足球教学中，教师先要向学生介绍足球运动的相应规则，学生如果在练习或比赛中出现犯规行为，他们受到相应的惩罚，例如警告甚至罚下场，在此过程中让学生意识到比赛中遵规守纪的重要性，培养学生形成良好的规则意识和习惯。由此可以将遵规守纪教育延伸到大学生的生活、学习和未来的工作中，良好的规则习惯可以帮助学生在学习和生活中少走弯路，成长为满足社会需求的高素质人才，因此，通过足球教学渗透遵规守纪教育是必不可少的。

（五）在足球教学中渗透协作精神教育

现代社会，用人企业在招聘选拔人才时，会重点考察他们是否具备合作意识和能力，如果一个人仅仅具备个人能力而无法与他人合作是无法获得长远发展的，因此，培养大学生的协作精神是非常必要的。足球是一项对团队协作要求很高，需要全队成员相互配合的集体性运动，没有成员相互之间的配合协作，无论单个队员能力再强也无法取得比赛胜利，因此，团队协作精神在足球运动中体现得格外明显。教师在开展足球教学时，要充分利用足球运动这一特点，向学生灌输合作思想，渗透协作精神教育，例如，在练习过程中，教师要重点教授给学生合作的方法和技巧，另外重点考核队员之间的配合程度，对于争强好胜只顾自己表现的学生给予批评教育，只有这样才能使学生养成良好的协作精神。另外，协作精神教育的渗透还有利于培养学生的集体主义精神，让他们在团结合作中体会到集体的凝聚力和荣誉感，这也是体育精神的重要组成部分。集体主义精神延伸到学习和工作中可以使学生更加热爱学校和工作岗位，促进自身不断完善和成长。

总之，体育精神是大学生健康成长和发展的重要保证，其中包含的创新、拼搏、竞争、遵规守纪、合作等品质是大学生综合素质中不可缺少的元素。足球作为大学生最喜爱的运动之一，是渗透体育精神教育的重要途径和平台，教师在足球教学中要有意识地将教学内容与体育精神联系起来，渗透体育精神教育，以此提升大学生的综合素质，为社会输送更多的高素质人才。

第七节　高校足球教学中的人文素质教育

高校体育蓬勃发展的大背景下，人文素质教育和关怀成为丰富高校体育文化内涵和推动校园体育良性发展的关键所在。文章立足高校足球的教学实践，以实践教学过程中专业技术练习和人文素质提升的兼容和并包为切入点，探求适合高校足球人文素质教学的对策和建议。

高校是塑造大学生人格魅力的重要阵地，而在这块阵地中，校园体育承载着对大学生人格形成、文化熏陶和环境营造等多个方面的重任。近几年，伴随着国家对校园足球发展重视程度的逐步增加，校园足球在体育文化传承和人文素质培养方面的重要性也逐渐凸显出来，然而，在高校足球教学的各个环节中，"重技术，轻人文"的现实问题仍然普遍存在，足球项目本身的文化内涵在教学过程中很少被提及，借助足球项目培养大学生团结协作、情感规范的主动性较低。面对这一现实问题，如何在足球教学实践中寻求技术提高和人文素质提升的多层次、多维度的教学手段，则成为高校足球教学在今后教学改革中的发展方向。

一、高校足球教学中人文素质教育和关怀面临的问题

体育作为一种文化现象，任何一个体育项目的生存和发展都不能和时代的人文环境和特点相背离。未来，以高校为载体，以足球项目为着陆点的高校体育和文化教学手段必将成为体育文化价值向人文素质和内涵提升过渡的重要举措。然而，现阶段，在高校足球教学环节中实施人文素质教育仍然面临诸多问题和不足。

（一）常规课堂时间内的动力不足和空间过窄

高校体育教学的改革由来已久，但改革的侧重点更多的是集中在教学手段和方式上，其目的也是提高学生更好地掌握体育技能，而改革进程中对体育教学的人文素质关怀的思辨不够，足球教学中对学生的人文素质理念灌输的主动意识也相对缺乏。

目前，绝大多数高校在足球教学过程中，仍然以传统教学模式下的教师教和学生学为主要模式，在整个教学过程中，单向授课模式下的师生互动时间非常少，这一系列问题直接导致足球教学改革中针对人文内涵塑造和学生素养提升方面的措施非常有限，教师在常规时间内来进行人文素质教育的时间非常有限，改革的空间也无法进行扩展，一系列问题的背后就是高校足球教学人文内涵缺少的真空。

（二）传统意识和观念下的生存依赖和竞赛杠杆

唯成绩论主导下的竞技色彩在很长一段时间内是我国竞技体育发展的主流，这种畸形思想充斥于校园体育的整个发展进程，尤其是足球这项高强度、强对抗的比赛项目，竞技体育下的生存依赖现象极为严重，校园内的竞赛杠杆问题尤为突出。学生接触足球的首要目的就是提高技术水平，在这样的大背景下，校园足球人文素质的培养和灌输就尤为困难，无论是从教师角度还是学生自身出发，更多的是把人文素质提升看做口号，通过足球教学实现人文教育的手段不仅单一，达到的效果也非常有限，人文素质培养和校园足球的蓬勃发展之间格格不入。

二、坚守中的特色开拓

校园足球的人文素质环境创造和足球教学中人文关怀手段的丰富不仅是一个长期的、系统的工程，更需要工程中各个要素和主体之间能够兼容并包，相互理解，在教学改革进程中坚守并开拓，以人文素养提升为核心理念，形成足球教学改革中人文素质提升的特色开拓。

（一）政策引导，拓宽足球教学中人文素质教育和关怀的整体生存空间

目前，高校在足球教学改革方面的举措虽然多，但真正运用到实际中，具有可操作性的相应措施非常少，而以提高学生人文素质和内涵为目的的相应手段则更加有限。究其原因，上级主管部门和学校层面的不重视是主要原因，以政策为导向，形成足球教学

人文素质教育的有效手段，拓宽人文内涵提升的生存空间，成为未来校园足球人文环境创造的关键所在。

首先，地方相关主管部门应该和高校之间形成合力，寻求校园足球文化内涵和社会人文素养提升的契合点，打造符合大学生特点的足球文化交流平台，引导大学生在认识足球、接触足球这项运动的同时，形成对足球文化认识的正能量，为校园足球教学改革中人文素养的融入打下基础。

其次，高校应该结合学校实际，形成校园足球人文内涵提升的独立空间，借助相应资源，形成校园足球人文素质发展的独立渠道，以足球教学为平台，引导学生在学习足球技术的基础上，更好地去挖掘足球项目的深层次内涵，形成学生团结协作的意识和完善的情商和人格魅力。

（二）思想释放，扫清足球教学中人文素质教育和关怀的时空阻力

思想束缚是校园足球教学中无法更大范围推广人文素质教育的一大原因，而这种思想的禁锢来自两个方面，其一是足球项目自发明至今所固有的竞技色彩和对抗本质，而另外一方面，则是教师对于人文素质培养融入足球教学中的怀疑态度。所以，释放思想，扫清时间和空间两个方面的阻力，就成为实现足球教学人文素质教育和关怀的关键所在。

首先，形成校园足球文化的墙报展示平台，以《天下足球》中的足球经典纪录片为核心内容，在体育馆进行宣传和展示，弱化足球竞技色彩的同时使更多的学生了解足球项目背后深层次的文化内涵。

其次，营造足球教学中人文素质培养的氛围，教师要将和人文素质提升相关的内容融入整个教学中，有计划、有目的地向学生灌输相应的人文理念，促使学生能够在学习过程中感受到足球项目所独特的人文魅力。

（三）人群拓展，形成足球教学中人文素质教育和关怀的空间优势

人口基数少是校园足球在普及过程中所面临的最大障碍，现如今，高校校园内爱好足球和热衷足球的学生越来越少，如何通过丰富多彩的校园足球文化宣传和文化活动吸引更多的学生了解足球运动，参与到足球运动中，是形成足球教学中人文素质教育和关怀空间优势的关键所在。

首先，以足球教学改革为契机，增加不同形式的足球公选课，尤其是要增加以经典足球比赛、经典足球题材电影鉴赏为主要形式的公选课，丰富校园足球文化，从而使更多的女同学能够喜欢足球运动，增加校园内足球人口数量。

其次，以足球教学班级为单位，形成班级内的主流足球文化特色，以此为基础，推动不同的足球班级在足球人文素质方面的交流和融合，拓宽学生接触足球和了解足球的空间，丰富整个学校足球教学人文素质教育体系。

三、融合中的共性发展

（一）以点带面，形成足球人文素质教育的空间集团化发展

足球人文素质在其衍生、发展和壮大的过程中同样被赋予了不同层面的多元意义，内涵丰富，文化底蕴深远，特色鲜明，是校园足球文化的显著特征。足球文化在校园环境下的发展，文化素养的意识内涵、文化价值都更具代表性；在校园足球教学过程中，根据项目的实际特点，形成不同要素之间的流动和资源的配置，对于校园足球文化的交流和发展，以及学生人文素养的提升都有着极为突出的作用。在这个过程中，探索出二元的人文素养发展模式，搭建起"核心"和"边缘"学生在人文素养教育方面的交融渠道，从而使得整个足球文化价值在传播过程中更加具备空间优势，实现整个区域资源的优化和重组，成为未来发展的关键。

首先，"核心"人文素养方面的"以点连线"的发展路径。在这方面，不仅要突出足球人文素养对于学生整体素质提升方面的主导地位和核心价值，更要紧紧围绕足球项目的特色和内涵，打造该项目在足球教学过程中项目生机蓬勃的发展态势；另外，则是要更好地去强化足球人文素养在足球教学过程中的轴效应，实现不同教学内容下足球人文素养顺畅连接的融合语境。

其次，"边缘"足球人文素养内容在发展过程中要实现资源流动和文化协商，在这个过程中，足球人文素养借助足球教学过程的推广和发展，必须要建立在对整个足球文化价值普遍认同的基础之上，不仅要营造边缘文化的共同体观念，也要营造整个地区网状发展体系下的功能延伸，从而使得整个校园足球人文素养的推广能够实现规模化并蓄和集团化的兼容，促使整个校园足球文化能够在品牌优势带动下更好地实现互补式发展，最终形成一个稳定的、优化的足球人文素养教育体系。

（二）分层发展，多层串珠型的全景空间规模

依靠学校力量，形成主辅分离、主次清晰的多层发展机制。校园足球文化和人文素养的多层发展机制应该以宏观政策为引导，以学校相关学生主管部门调控为辅助，以项目自身特点和适应人群为依据，形成主次清晰、主辅分离、以强为主、借强扶弱的多层发展机制。

突出社团力量，寻求协会带动下"串珠化"的特色发展道路。以社团的联合和重组为契机，提升协会对足球人文素养提升的包容能力和接纳意识，打造足球人文价值和素养在协会串联下的精品、特色的发展路径。

（三）媒介融合，营造全媒体时代下校园足球人文素养提升的时空传播优势

媒介接近权广泛普及的"全媒体时代"下，"媒介融合"的多媒体发展战略不仅打破了校园足球人文价值普及和素养提升在信息互动过程中原有的时空壁垒和传统媒介的区隔，更能够促使足球人文价值普及在拓展的过程中由形式到内容直至传播理念的彻底而深

入的革新。在这一过程中，需要在传统内容资源基础上实现新媒体数字化传播模式革新，形成相互融合又相互依托的多媒体、多角度、多领域的足球人文素养传播的时空传播范畴，打通在足球教学中的全域时空链接。

依托微信、微博等新网络媒体工具，形成双向传播渠道，实现校园足球人文素养传播和价值普及在时间旅程中传播的及时性和互动性。另外，突出个体对媒介使用的自主性和灵活性，推动自媒体时代下校园足球文化传播在网络空间内的发散式传播。

足球文化在校园内借助多媒体传播的语境应该是包括文字、声音、图片以及视频在内的多组符号资源的综合体现。传统纸质媒体下，文字和图片所带来的直观效果明显，叙事性更强；而新网络时代下，声音和视频的立体感觉更加突出。建构一个自成一体的多媒体、全角度、多领域的图片、文字和视频的媒介平台，有助于足球文化的传播速度更快、空间更广。

高校足球教学是学校体育的一个重要组成部分，应试教育的大背景下，高校足球教学也无法摆脱功利思想的影响，长时间所形成的"重技术，轻人文"的弊病困扰着校园足球的发展。随着高校体育教学改革的逐步深入和发展，以足球教学为媒介的足球人文素养提升和足球人文价值普及的时机已经成熟，借助教学阵地，实现对学生在足球人文素养形成方面的正面引导和干预，就成为未来改革的重点所在。

第六章　高校足球教学模式研究

第一节　高校足球探究式教学模式

体育课堂教学方法的改革是提高教学质量，提升课堂教学实效性的关键，是体育教师教学专业能力的重要体现。本节探讨了新课程改革背景下探究式教学在高校足球课堂教学中的应用，旨在能够弥补传统体育教学中的不足，发挥学生的主动性，调动学生的积极性，增进学生的思维能力，让学生在比赛中能够运用知识，提升思维能力。

高效足球中传统教学在我国教学历史发展中有着独特的优势，在早期这种讲解示范、分解练习、完整练习、重复示范等教学方法，能够以简单有效的方式向学生展示技能，完成考试所需要的技术教学。但这种教学方式也忽略了学生的主动性，现代学生对于体育锻炼的兴趣越来越低，学生在课堂中基本是被教师推着进行体育活动，面对传统教学中千篇一律的教学方式，根本无动力可言。由于普通高校学生身体素质较差，运动能力薄弱，在进行体育学习时，多数学生都无法掌握所有的技能，也逐渐形成了所谓的"放羊式"教育，传统体育课基本沿用上课、点名、技能学习、自由活动等传统模式，从而导致学生感到枯燥无味。

对于授课教师而言，多数教师自身的价值无法得以实现，一方面，他们无法对水平较高的学生加以指导，另一方面，初学者的教学方式也令他们感到无趣。

一、探究式教学的应用

（一）概念界定

探究式教学源于问答法，即在教学中，教师通过提出某些技术方面或比赛的案例，让学生去进行研究、调查与思考，在这个过程中学生可以发现并掌握某项技术或战术理念。在体育课教学中，教师要引导学生围绕问题进行自主学习与探讨，通过多种手段寻求解决方式，在某一技术或战术解决过程中形成对技战术及体能需要的认知，让学生感知问题的来由，对技战术形成本源的认识。探究式教学避免了将书本化的教学相关概念告知学生，由学生独立开展知识获取活动。探究式教学依据皮亚杰和布鲁纳的建构主义理论，将问题解决作为中心点，重视学生的前认知和体验式学习。在探究式教学中教师首先创造出一定的问题情境，提出某一技术相关的问题，随之组织学生对该问题进行探究，通过实践演练与操作进行验证，再进行讨论总结。这一教学方式的优势在于能够充分调动学生的参与性、有助于培养学生的思维能力和理解力。

（二）高校足球探究式教学程序

在探究式教学过程中，首先要求教师创设本节足球教学相关问题情境，如截取巴萨足球俱乐部比赛中某一比赛片段，以梅西等球星为例来创设问题情境，引导学生进入问题情境。如脚内侧传球中教师通过设置问题，学生边思考边模拟。其次教师就问题进行适当引导并示范，通过学生之间讨论，相互学习，随后师生间进行探讨，教师指导纠错。最后通过比赛形式进行实践演练，发挥团队小组合作学习的优势，就问题进行整理反馈，让学生尽可能多地参与到教学过程中，使教学更切合实际比赛情境，之后教师总结评价。从学生角度而言，使他们主动参与足球教学的过程；从教师自身而言，教师始终起到引导性的作用。从教室和学生的关系而言，学生变成了学习的主体，教学中的主人，而教师则转变成学生课堂学习的推动者，为他们的学习提供恰当的帮助。

二、高校足球探究式教学注意要点

（一）教师要发挥引导作用

探究式教学更加强调学生的主体性，教师将课堂交给学生，赋予学生主导权，将更多的时间和空间留给学生，让学生在问题中进行探讨，探寻解决问题的方法与途径。但这并不表明教师完全放任学生，相反，教师需要对学生加以指导，在适当时机提供帮助。在指导过程中，教师要首先要熟悉和了解学生的心理状态、身体状态及技术表现，为他们制定切实可行的学习目标。学生主体作用的发挥离不开教师的指引，教学中教师要注重观察学生的个体差异，有的放矢，为学生营造相对平等且愉悦的教学环境。

（二）教师要更新教育观念

探究式教学不同于以往的传统教学，在传统教学中教师往往处于主导性作用，而学生主要服从教师安排，毫无主动性可言，久而久之学生在课堂中产生倦怠感，疲于练习，教师面对学生的消极态度，逐渐失去教学激情，整堂教学课处于压抑状态下。要改变这种教学状态，需要教师首先转变教学观念，要学会与时俱进，发挥学生的主观能动性，将这种教师的教与学生的学的单一模式进行多元化的改变。首先教师要适当"放权"，赋予学生一部分权利，即变主导为引导，教师抛出问题加以适当引导，由学生主动参与学习，进行讨论学习，让学生从吸收知识转变为探索知识，在实践中去摸索，教师在实践中采取对抗性组织形式，以小组形式进行锻炼，教师加以点评。时代的发展为教育事业带来了新的方式，体育教育工作者要紧跟时代步伐，改变教学策略，发挥探究式教学的重要性，向学生为主、教师为辅的教学方向转变，提高学生的参与度和教学效率。

（三）制定合理的教学目标，强化探究环节

对高校足球教学进行改革，就要对教学目标进行适当改变。探究式教学在提高学生自主探究能力方面起到巨大作用，因此学生这一能力应添加到教学目标中，作为学生学习动力之一。以教育部大纲为准，与学校教学目标相结合进行综合考虑，制定科学教学目标。教学目标的确定为教师指明了方向，在科学严谨的教学下对高校足球进行改革，强化学生的自主探究能力，发挥学生的能动性，层层逼近教学重点，逐步揭开教学难点。教学中因学生对于知识的接受能力及体质问题，学生对于不同技战术、动作的理解力表现出的较大差异，新时代教育理念下要求教师充分尊重并适度发展学生的个体差异，需要教师加以考虑，设置合理的学生能接受的教学目标，每堂课中安排适度运动量，在探究式教学基础上安排分组合作和组间比赛等教学内容，调动学生的积极性。

（四）知识学习和探究过程相结合

足球知识的获取最终目的是在比赛场上应用出来，转化为赢得比赛的法宝。如根据学生水平，在安排学生进行以脚内侧传球的比赛时，将学生分成不同的小组，让每个学生都能对脚内侧技术进行实际的发挥，发挥自身水平，这种教学方法有助于提升学生的自信心，让学生获取认同感，提升足球团队的整体利益，实现教学的合作共赢，是探究式教学的最好表达方式。在探究式教学中，教师要将知识学习与探究相结合，知识学习是学生进行探究的基础，探究是对知识的进一步消化，技能的发挥离不开知识的学习，探究作为知识学习与技能发挥的中间桥梁，为整个教学过程实现了完美的衔接。

（五）加强沟通与交流

探究式教学为教师与学生增进了交流的机会，学生探究过程中所遇到的种种问题需要教师加以引导，如教师通过案例方式说明某一技术问题的解决途径，不仅拉近了师生之间的距离，同时还能拓展学生思维。教师在教学中不能一直以长辈的方式去教学，同时还要以"朋友"的身份加入到学生的队伍中，对学生加以呵护和关心，鼓励学生吐露心事，敢于求教。在小组性的对抗中，学生就是运动场上的队员，需要相互交流配合，增进彼此之间的了解，培养比赛中的默契，发现队友之间的优点，弥补自身缺点，这种交流方式不仅丰富了学生的知识库，还有助于学生间的情谊发展。

高校足球探究式教学发挥了学生的主动能力，为学生创造了更加自由、平等、和谐的教学环境，师生关系得以加强，教学相长，学生自由度得以提高，团队精神得以加强。注重发展学生的创造能力，让学生参与到教学过程中，培养学生的实践能力和比赛能力。探究式教学以问题为中心，遵循提出问题到解决问题的路线，引导学生自行探究，为传统教学带来了新的转变。

第二节　高校足球的分层教学模式

在高校足球教学的过程中，教师教学的方式是面向全体学生的，并不能根据学生的实际情况展开针对性的教学，这也就在一定程度上影响了学生学习的积极性，导致学生对于足球学习逐渐失去兴趣。而分层教学的模式则能够根据学生的差异展开有针对性的教育。本节主要针对高校足球教学中分层教学模式的构建问题展开讨论，首先从高校足球教学分层教学的意义入手，然后对高校足球教学中分层教学模式的构建策略展开分析。

分层教学主要就是在教学的过程中，教师根据学生的学习能力以及兴趣爱好的不同，制定符合学生需求的教学计划，进而使得学生都能够在学习知识的同时得到个性化的发展。分层教学能够有效地激发学生的学习兴趣，提高学生的学习效率，进而使得学生在有限的课堂时间内掌握更多的足球技巧。在高校足球教学中加强分层教学的运用，使得学生都能够掌握扎实的足球基础，对于学生的全面发展产生了重要影响。

一、在高校足球教学中实施分层教学的意义

（一）分层教学模式有利于激发学生的学习兴趣

在现阶段高校的足球教学中，学生的学习兴趣不高是影响足球教学顺利进行的关键因素。而在教学中采用分层教学的方法，能够有效地增强学生的学习兴趣，调动学生学习的积极性。在分层教学的过程中，教师根据学生的学习能力对学生进行分组，并布置相应的练习项目，降低学生学习的压力，让学生能够感受到足球学习的乐趣，进而使得学生都能够参与到足球学习之中，促进教师教学效率的提升。

（二）分层教学模式能够促进学生的个性发展

在传统的足球教学中，教师教学的模式比较枯燥，学生只能够根据教师的思路进行练习，学习的过程比较机械化。在这种教学的模式下，学生的思维得不到发散，影响了学生的个性发展。而在分层教学的模式下，教师要对学生进行分组。在分组的过程中，教师不仅仅要考虑学生的学习能力，还要对学生的兴趣爱好进行分析，将兴趣爱好相同的学生分在同一个小组，使得学生能够在学习足球知识的同时，能够发扬自己的个性，促进学生的个性发展。

二、高校足球教学中分层教学模式的构建策略

（一）教师转变教学的观念，为分层教学的顺利实施奠定基础

对学生专业能力的培养，为学生日后的工作奠定基础是高校教学的首要目的。这也就

使得教师对于足球这类与专业无关的课程的教学比较忽视，教师的这种教学观念，在一定的程度上影响了学生的全面发展。为了转变教师的教学观念，促进分层教学的顺利进行，学校可以组织教师进行培训，帮助教师意识到足球教学对于学生健康成长的意义，进而使得教师能够加强对于足球教学的重视，为分层教学的顺利进行奠定基础。

（二）合理地对学生进行分组，增强教学的科学性，促进分层教学的顺利进行

在分层教学的过程中，对学生进行合理的分组是确保分层教学顺利进行的前提条件。对学生进行分组，首先就要求教师对学生有全面的了解，能够根据学生的学习能力与个性差异进行有针对性的分组，进而确保学生都能够做到学有所得。在对学生进行分组的过程中，教师要将学习能力相似的学生分在同一个小组，进而降低学生学习的压力，增强学生学习的积极性。

另外，教师除了要对学生进行科学的分组外，还要对教学内容进行合理的分层。对教学内容进行分层，能够使得课堂教学满足较多学生的需求，进而确保课堂教学任务的顺利完成。在教学的过程中，对于学习能力和理解能力较强的学生，教师可以注重对其足球技巧的训练。而对于学习能力相对较差的学生，教师可以为其讲解更多与足球相关的基础知识，进而使得学生能够掌握扎实的基础，为日后足球技巧的学习奠定基础。

（三）坚持以人为本的教育理念，促进分层教学的顺利进行

在分层教学的过程中，学生的学习兴趣是决定课堂教学能否顺利进行的关键。在教学的过程中教师应该坚持以人为本的管理理念，注重体现学生在课堂中的主体地位，进而使得学生能够感受到学习的乐趣。在教学的过程中，教师还要加强对于奖励制度的建立，以此来激发学生的学习兴趣，促进分层教学的顺利进行。

另外，在分层教学的过程中，教师还要根据学生的实际情况对学生进行分层次的评价。尤其是对于学习能力较差的学生而言，教师的评价模式不当，很可能会对学生学习的信心造成一定的打击，影响学生的学习效率。所以教师在对学生进行评价的过程中，要根据学生的实际情况进行有针对性的评价，进而增强学生学习的兴趣，促进分层教学的顺利进行。

综上所述，在高校的足球教学中采用分层教学的模式，能够实现对学生有针对性的教育，进而使得学生都能够在课堂的时间内掌握更多的足球知识。为了促进分层教学的顺利进行，教师首先应该转变教学的观念，加强对于分层教学的重视，进而为分层教学的顺利实施奠定基础。同时，教师还应该合理地对学生进行分组，增强教学的科学性，并坚持以人文本的教育理念，对学生进行分层评价，进而增强学生的自信心，使得学生能够学习更多的知识，促进分层教学的顺利进行。

第三节　高校足球混合式教学模式

进入 21 世纪，以信息技术为代表的科学技术发展迅猛，有力带动了我国经济的快速发展，使我国跻身世界大国之列。当前，国际竞争归根到底是人才的竞争，教育担负着培养人才的重要使命。本节在介绍混合式教学的基础上，进一步挖掘混合式教学模式在足球教学中应用的必要性，进而构建出一套完整的足球混合式教学模式。

随着信息技术的高速发展，"互联网＋"发展模式已逐步深入社会的各个领域。"互联网＋教育"成为教育领域发展的新态势，各种对网络教学的研究也层出不穷。然而在网络教学实践中，由于受多种因素的制约，网络教学的效果并不尽如人意，无法完全取代传统课堂教学，在此背景下混合式教学应运而生。混合式教学融合了网络教学与传统课堂的优势，采用线上线下、同步与非同步相结合的方式，最大限度地提升教育效果。足球是高校体育的重要内容之一，将足球教学纳入混合式教学视野中，探索高校足球混合式教学模式，是推进高校体育教学改革的创新之举。

一、混合式教学概述

混合式教学是充分利用网络学习与课堂学习二者优势的教学方式。学生可以通过网络资源，如视频、网络文献、音频等来进行学习，在学习中遇到问题时，能够在线下课堂中与老师交流沟通，在解决问题的同时实现了课堂效率的最大化。在混合式教学发展过程中，逐步呈现出本地化的特点和倾向，SPOC(Small Private Online Courses，小规模限制性在线课程）是 MOOC(Massive Open Online Courses，慕课）本校化的产物，使学习呈现出网状交叉、即时互动的特点。SPOC 能够有效整合网络教学与传统课堂教学，使二者达到优势互补的最佳状态，为教师提供一种高效的教学组织形式，教师能够有效掌控和调节教学过程，提高教学质量和教学效率。因此说，SPOC 为高校教学带来改革动力与机遇的同时，也为广大教师提出了新的挑战。

二、混合式教学模式在足球教学中应用的必要性

（一）高校教育教学改革的内在要求

高校是人才培养的重要基地，如何提升人才培养质量，是高校教育教学改革的关键。在当前网络化、信息化的大背景下，将信息技术引入教育领域是高等教育改革的一大趋势。《教育部关于加强高等学校在线开放课程建设应用与管理的意见》中也指出，高校领导必须清楚且深刻地认识到信息技术对教育教学所产生的影响，高校应着力建设和使用在线开放课程来推进教育教学改革，促进信息技术与高校教育教学融合，提升教师的融合意识、

能力及水平。

2013 年，中共十八届三中全会逐步确立了教育信息化的战略地位，首次将教育信息化写入《中共中央关于全面深化改革若干重大问题的决定》。2015 年，李克强总理在十二届全国人大常委会第三次会议中首次提出"互联网＋"行动计划，推动了各类在线教育的发展，成为教育行业的热门话题。2018 年，教育部印发《教育信息化 2.0 行动计划》，提出教育信息化 2.0 的概念，使教育信息化再度升级。

无论是教育信息化还是"互联网＋教育"，二者有着相同的内涵，就是充分利用信息技术实现教育教学改革，改变传统的教育教学模式，使教育行业能共享科技发展的先进成果。混合教学模式契合教育信息化及"互联网＋教育"的发展趋势，适应教育改革的要求，将在今后的教学实践中焕发出强大的生命力。

（二）足球教学发展的需要

传统的足球教学常常采用教师示范—学生模仿—巩固练习的教学模式，虽然这一模式也能在足球教学中产生一定的效果，但也存在着诸多弊端。第一，受学生人数的影响，教师无法顾及每个学生，指导的针对性与个性化不强；第二，由于个体素质的差异，学生对动作技能的领悟和掌握速度也不相同，有些学生难以在短时间内掌握动作技能，致使其无法适应班级教学的整体进度；第三，传统的足球教学模式以教师讲授和示范为主，教师成了课堂教学的中心，削弱了学生的主体地位，学生难以有效建构足球相关知识与技能的内化路径，将直接影响教学效果。

基于足球传统教学的弊端，将混合式教学与足球教学相互整合，能够充分发挥网络技术的优势，不仅能够使学生更直观、生动地学习足球技术动作，还能对技术演示视频进行回放和慢放。对于技术动作中的重难点，可以定格到某一画面，进而对技术动作进行深入细致的剖析，使学生更加精准、规范地掌握技术动作。如果学生在学习过程中仍有无法解决的问题，可以在课堂中及时向教师提出，由教师进行详细讲解。这样一来，学生学习兴趣与主动性不断提升，能够更加扎实地掌握足球相关知识和技术动作。在具体教学中，教师可以选择学生喜爱的比赛及球星的技术来分析和讲解，使学生在轻松愉悦的学习氛围中掌握足球运动的精髓，从而更加高效地完成课程的学习目标。

三、足球混合式教学模式构建

教学模式是基于教学理论的相对固定的教学活动框架与程序，能够从宏观上掌控教学活动及教学各要素间的内部关系和功能。足球混合式教学模式建立在混合式教学相关理论基础上，融合了传统足球课堂教学与在线教学的优势，结合高校足球教学的特点与实际情况，将"先教后学"的学习过程转变为"先学后教"，即教师提前设计教学活动，引导学生对课程内容进行自主学习，教师再根据学生的学习情况，组织课堂教学，并在课后引导学生进行知识的巩固与延伸。足球混合式教学模式共包含两大部分。

（一）线上教学活动

教师在课前结合学生的学习特点与学习情况认真研究所要教授的内容，将相关教学内容，如教学视频、电子课件、电子文献等整理并上传至本校 SPOC 平台。提前一周发布导学方案，要求学生自主学习相关资料、参与网上课程讨论并完成单元测试。在学校独立的 SPOC 平台上，助教将实时对学生提出的问题给予解答。当然，学生在线上自主学习的过程中，教师也应进行必要的引导与监督。

观看教学视频及资料：学生根据教师在网络平台上发布的相关学习内容，通过网络平台进行在线学习，自行观看教学视频和其他学习资料，为下一步参与网上讨论与完成单元测试做准备。

参与网上讨论：教师会在网络平台的"课堂交流区"中设置与学习内容相关的问题，并发起讨论。学生可以根据个人的兴趣选择参与讨论的问题，此时后台将对学生的讨论情况进行评分。学生只有参与并回复本课程的讨论才能计算成绩。发帖总数及回复有效数量超过 20 条（包含 20 条）则为满分，即 20 分。教师分 5 次发布对每一教学内容的讨论题目，如果每次讨论都为满分（20 分），则网上讨论环节的成绩为 100 分。

完成单元测试：当每一单元的教学任务完成后，教师需要设置单元测试，帮助学生复习和回顾本单元的学习内容，使学生能够将所学知识融会贯通，自行建构单元知识体系。每次单元测试共设置 10 道题目（5 道判断题和 5 道选择题），每题计 1 分，共 10 分。足球课程共设有 10 次单元测试，满分为 100 分。

（二）线下课堂教学

进行线下课堂教学，教师应首先对学生进行分组。将一个大班 50 名左右的同学，随机分为 6 个小组，每组 8 人左右，并选出一名组长。学生在线上学习活动的基础上，以小组为单位展示线上自主学习的成果。其他同学与教师对其学习成果进行点评，然后教师综合学生学习情况及网络平台讨论问题的完成情况，对学生学习过程中的重点和难点进行有针对性的讲解与示范。教师在这一过程中可以为学生提供个性化的指导，促进教学目标的达成与实现。课后助教会将学习过程中的重难点问题及典型问题发布到 SPOC 平台。

翻转课堂展示：学习成果展示环节，可采用翻转课堂的方式。教师随机选择一个小组，通过 PPT 进行学习成果的展示，每次展示需推举小组内的不同成员。小组间可以进行交叉提问与回答。然后教师根据选中小组的准备情况、课上完成情况及问题回答情况，对其进行打分。未被选中的小组给满分，即 10 分。本门课程共设置 17 次翻转课堂展示，满分为 170 分。

深化教学内容：在翻转课堂展示环节结束后，教师需要对本课的内容进行总结和归纳，将同学们提出的典型问题给予详细的分析与解答，另外还可以结合学生熟知的或贴近生活的案例拓展和深化教学内容。

发布课堂精华：教师根据学生的学习情况，总结课程内容和疑难问题。线下课堂教学结束后，助教将相关内容发布到学习平台，方便学生们复习和巩固所学内容。

综上所述，足球混合式教学模式综合了线上网络教学与线下课堂教学的双重优势，是体育教学适应信息化趋势的必然要求。探索足球混合式教学模式能够大大提高学生的学习效率，推动体育教学改革的深入发展，从而为国家培养更多创新型体育专业人才。

第四节　高校足球课程新型教学模式

在现阶段的发展过程中，学生的身体素质得到越来越多人的关注，而足球作为世界上最大的运动项目之一，不论在什么地方都受到人们的欢迎以及喜爱。这也使得现阶段的高校在自身发展过程中面临着一个巨大的问题，那就是怎样在高校运营中更好的发展足球这一世界运动。本节主要阐述了高校积极采用新型足球教学模式的重要性，介绍了现阶段各个高校所采用的新型教学模式的种类，并在此基础上为高校的管理者以及相关足球老师提出了相应的新型教学模式，从而希望各个高校的足球在日后的发展中越来越好，为高校足球的发展提供一定的建议作用。

一、高校在足球课中采用新型教学模式的重要性

在现阶段的发展过程中，人们越来越关注学生的身体素质，并不只是关注学生的学习成绩，而足球的教学就能够在极大程度上促进学生身体素质的提升，除此以外，在教授完学生足球的基本技能之后，还能够锻炼学生的身体协调能力。高校的学生作为祖国未来发展的主力军，一定要保障自身在学习知识的过程中不断地提升自身的身体素质，从而促进自身能够身心全面发展。学生在学习的过程中会有着极高的好奇心，而且在这个年龄段的学生有着很高的学习能力以及知识的接受能力，这也导致他们会讨厌那种一成不变的教学方式以及事物，这也就在极大程度上影响了教学的实际成果。从而在一定程度上要求足球老师在实际的教学过程中一定要不断地创新自身的教学方式，对教学模式进行不断地优化，在目前的发展过程中，传统的足球教学模式已经不能够满足现阶段学生的要求，所以教师一定要与时俱进，创建一个新型的教学模式，从而有效地吸引学生学习的兴趣和积极性，不断地提升学生的身体素质。我国的足球事业也正处于不断的发展阶段，而在其发展过程中，最基础的就是足球课程的教育，所以这也就说明了高校的足球课程教学在一定程度上影响着我国足球事业的发展，所以高校在现阶段的发展过程中一定要对现阶段的教学模式进行不断的改革，从而为国家足球事业的发展打下坚实的基础。与此同时，传统的足球教学模式也存在着许多的不足，并不能保证学生在课堂上能够较好地掌握足球的相关知识，而足球老师在进行课程教授的过程中也只是对知识进行生搬硬套，这也在极大程度上影响了学生的全面发展，创建新型足球教学模式在现阶段的发展中有着极大的重要性。

二、现阶段高校足球课程新型教学模式分析

（一）对课堂的相关组织形式进行一定的变革

高校在现阶段的教学过程中能够使用多种课堂教学模式来进行相关知识的教学，比如说俱乐部、合作以及分层等。对于俱乐部这种教学模式，高校的足球教师应该将足球的相关课程与其他的活动课程进行紧密的联系，从而为学生的学习营造出良好的氛围，帮助学生更好地学习以及了解足球的相关知识，并在此基础上保障学生能够较好地掌握足球的基本技能；对于合作教学这一模式来说，主要是需要借助班级所有学员的共同努力，来进行足球知识的教育，对此，足球教师可以对班级的学生进行一定的分组，并对各个小组的成员按照不同的标准进行相应的指导，从而不断地优化教学流程以及方式，在足球团队中，协作起着十分重要的作用，所以教师在对学生进行教学的过程中一定要培养学生的协作能力以及相关的意识，让学生树立合作共赢以及竞争意识，而合作协调意识也能够促进学生在其他方面的快速发展；对于分层这一教学方式，教师在实际的教学过程中，按照学生的特点对学生进行一定的分层，而每一层次的学生所要完成的任务也是不一样的，当然相应的教学内容也有所区别，从而有效提升学生的学习自信心。

（二）对学生的学习形式进行相应的改变

对于足球在现阶段的发展过程中，新型教学模式对学生有着十分重要的影响，这就在一定程度上要求学生要做好相应的学习准备，而且在实际的学习过程中要主动的掌握学习主动性，足球教师在对学生进行实际的教学过程中，应该根据学生的实际学习情况以及个人的学习能力进行相应内容的学习，从而不断地提升学生学习足球的兴趣以及积极性，保障学生在学习过程中能够有充足的空间发挥自身的主动性，对此教师可以采用多种方式帮助学生完成阶段性任务。在实际的教学过程中，如果有同学在足球内容学习过程中表现较好，能够取得优异的成绩，那么老师应当给予学生相应的奖励以及表扬，使其作为班级的标榜，指导其他学生完成相应的学习任务，这样的教学模式，也能够充分调动学生的积极性，改变学生的不主动性，而且学生在学习过程中，采用合作的方式完成相关内容的竞争，能够极大地激发学生的学习积极性。

三、高校构建新型足球教学模式的相关研究

（一）高校应该对教学模式进行不断地创新

在学生的学习过程中，教师扮演着十分重要的作用，在实际的教学过程中，教师在其中扮演着引导者的角色，而学习的主体则是学生，不仅仅是在理论教学的过程中，还有体育运动项目中，更应该突出学生的重要性以及主体地位，在学生实际的学习过程中，教师应该对学生进行积极的指导，从而使得学生在老师的引导下完成相应的学习任务，不断地

提升学生的自主学习的能力以及积极性，有效地保障学生在老师的带领下，在新型教学模式下较好地掌握足球的相关知识以及技能，让学生在日常的学习以及训练过程中能够充分的了解足球知识以及技能，从而获得较好的教学效果。教师在对学生教授某一足球技能的过程中，应该对技巧的相关动作进行演示以及相应的讲解，从而保障学生对这一技巧有着一定的了解以及印象，教师在此基础上对学生进行相应的指导，帮助学生进行自主联系，然后对教学内容进行一定的比赛，激发学生学习的积极性。这种教学方式能够在极大程度上发挥学生的主动学习性，而且还能够激发学生对足球知识的渴望，使学生能够自主地进行相关知识的探讨，从而使得学生尽快地掌握足球技能，逐渐地完成学习任务，当然这也能够在一定程度上减轻学生的学习压力，从而不断地提升学生的学习乐趣以及热情。足球教师在实际的教学过程中，不仅仅要对学生进行相关理论知识以及技能的教学，还应该在教学过程中不断地培养学生的团队合作意识以及能力，采用协作等方式，不断地提升学生心理承受压力的能力，从而促进学生感受到足球的魅力所在，逐渐地爱上足球，喜欢上运动。除此以外，教师在对学生进行实际的教学过程中，一定要关注学生的不同性，不同的学生对于训练内容的接受能力以及效果有着十分明显的差异，所以教师在进行授课的过程中一定要关注这方面的内容，对于不同能力的学生采用不同要求的教学方式，千万不可以不同学生采用同一种教学方式，这会在极大程度上打击学生的自信心，而如果采用不同的教学方式的话，则能够不断地增强学生的学习兴趣，教师能够在学生的学习过程中做好引领者，不断地激发学生的主动性。

（二）学校管理层的大力支持

高校的老师如果想要不断地创新自身的教学方式，就应该得到高校管理者的认可以及重视，在对教学模式进行创新的过程中一定要有着一个方向作为引导，而高校的管理者以及教学部门作为学校发展的引领者能够起着重要的带头作用，从而保障教师能够顺利地开展创新性的教学方式，对高校足球新型课程教学模式有着极其重要的保障作用。除此以外，教师进行教学模式的创新需要大量的人力、物力以及财力，这些资源在教学创新中不可或缺，充足的资源以及良好的教学环境能够不断地促进新型教学模式的创建、发展以及优化。

通过上述内容我们能够知道：足球新型教学模式在现阶段发展的重要性，而且在现阶段的发展过程中，足球教学应该充分地展现学生的主体地位，不断地满足学生的心理要求，从而有效的促进学生的全面发展，对于现阶段高校在自身发展过程中所存在的问题，相关领导者应该有着高度的重视，从而实现促进学生身心健康、全面发展的教学理念，有效地激发学生对足球的兴趣，提升学生学习的积极性。

第五节　高校足球课程的螺旋式教学模式

近年来，随着社会经济的不断发展，教育水平也在不断进步。体育课程作为近年来教育关注的重点课程之一，其发展进程也在不断加快。体育课程作为学生从小到大的必修课，其对学生身体健康的锻炼是具有重要意义的。针对现阶段在高校足球课程中应用螺旋式教学模式的意义进行讨论，并针对现阶段螺旋式教学模式在高校足球课程中应用的存在的实际问题以及何如合理地构建螺旋式教学模式进行分析，希望能够对高校足球教师在进行课程教育改革的过程中提供一定的参考价值，以帮助高校足球课程更好地提升质量。

随着近年来高校体育课程的不断改革的进程，高校足球课程教学模式也在不断进行改良。体育课程作为学生的必修课程能够有效地帮助学生提升自身的体育素质，并且能够有效帮助学生丰富课程种类，使学生能够提升综合素质，促进学生全面发展。螺旋式教学模式作为近年来新型的教育模式，其应用于高校的足球课程中能够有效帮助学生提升自身对足球课程的兴趣，并且能够有效提升高校足球课程的教学质量，从而促使学生能够更好地进行自我发展，有效加强体育锻炼，更好地提升学生的身体素质。但是在螺旋式教学的实际应用过程中也存在着一定的实际问题，这些实际问题的存在，使得螺旋式教学模式在高校体育课程中无法有效地发挥出自身的优势。存在部分高校足球教师的自身素质较差、对螺旋式教学的新型教学模式了解不够深刻等问题。因此，高校教师要在足球课程的教学过程中实际的应用螺旋式教学模式。要不断提升自身的教学素质，并且要依据学生的实际情况有效的开展螺旋式教学，从而更好地促进学生进行高校足球课程的学习，从而有效保证学生的身体健康。

一、现阶段在高校足球课程中应用螺旋式教学模式的意义

现阶段螺旋式教学模式在高校足球课程中的应用具有重要意义，能够有效帮助学生进行足球理论知识的学习，并且能够有效促进学生提升对于足球课程的兴趣，从而在整体上帮助学生进行足球课程的学习，提升学生自身的身体素质，促进学生的全面发展。

（一）螺旋式教学能够有效帮助学生提升自身对于高校足球课程的兴趣

现阶段高校足球教师在日常的教学过程中应用螺旋式教学模式能够有效激发学生对于足球课程的积极性，从而有效地促进学生在足球课程中的学习主动性，在整体上提升高校足球体育课程的质量。目前螺旋式教学模式作为一种新型教学模式，学生对于其陌生度较高，因此在教师应用螺旋式教学的过程中，学生对其好奇程度比较高，从而能够有效激发学生对足球课程的热情，并有效帮助学生进行足球项目的学习。体育作为一种学生从小到

大都在不停进行学习的学科，传统的教学模式对于学生而言很难激起学生积极学习的热情，并且单一的足球教学模式会使学生在实际的学习过程中无法有效充分集中注意力进行学习。因此高校足球教师在日常的教学过程中应用螺旋式教学模式有效帮助学生激发对足球课程的喜爱程度，从而在整体上促进学生的学习积极性，有效帮助学生进行足球项目的学习，促使学生进行运动，保持身体健康。

（二）螺旋式教学能够有效帮助学生在高校足球课程中学习相关理论知识

在现阶段的高校足球体育教学过程中，多数教师采用单一的室外教学，使得学生对足球课程内部存在的理论知识一知半解，使得学生对足球了解不够深刻。在高校足球课程中应用螺旋式教学能够使得学生充分了解足球项目的内部理论知识，加深学生对足球项目的了解，从而在整体上有效提升学生对足球知识的了解，有效帮助学生更加深入地进行高校足球课程的学习。高校足球教师能够在利用螺旋式教学的过程中针对足球项目进行由易到难的教育教学，并且能够利用螺旋式教学模式有效帮助学生学习足球项目的理论知识，从而有效加深学生对足球课程的教学程度。

（三）螺旋式教学能够有效帮助学生提升体育动作的自主学习能力

高校教师在足球课程的教学过程中可以利用螺旋式教学的方式使学生充分进行自主学习，从而有效帮助学生提升身体协调能力和自主学习能力。高校体育足球教师在应用螺旋式教学模式的过程中可以利用多媒体技术使学生在学习足球知识的过程中，对足球的基础动作进行一定的学习，从而有效帮助学生进行初步足球动作的学习。教师在利用螺旋式教学模式的过程中可以利用多种方式使学生初步学习最动作，从而有效提升学生的自主学习能力，同时也能够在这个过程中帮助学生提升自身的身体协调能力，激发学生对足球动作学习的兴趣，使高校足球教学不断提升教学质量。

二、现阶段在高校足球课程中应用螺旋式教学模式的实际问题

现阶段高校足球教师在应用螺旋式教学模式进行实际的教学过程中存在这一定的实际问题，这些实际问题的存在使得螺旋式教学模式自身的优势在高校足球课程中难以充分发挥出来。首先螺旋式教学模式作为一种近年来新兴的教学模式，使得螺旋式教学模式在高校足球课程的实际应用过程中，存在部分教师对于螺旋式教学模式的具体应用方式了解不够深刻的问题。部分高校足球教师对于螺旋式教学模式的了解不够深刻，使得在实际的教学过程中很难有效的应用螺旋式教学模式对学生进行教育教学，并且由于教师对于螺旋式教学模式的了解尚浅，教师在应用螺旋式教学模式的过程中往往流于表面，没有使学生在足球课程的学习过程中进行有效学习，使得足球的课程教学质量反而有所下降。其次，存在部分高校足球教师在应用螺旋式教学的实际过程中没有具体结合学生的实际情况。部分足球教师在应用螺旋式教学的过程中没有掌握好实际教学的进度，并且对学生的实际足球水平了解不够深刻，从而使得教师在应用螺旋式教学过程中无法有效地促进学生的进行学

习，并且耽误了实际的足球课程教学进度。总之，现阶段高校足球教师在应用螺旋式教学模式的过程中存在着一定降低教学质量的实际问题。

三、现阶段高校足球课程的螺旋式教学模式进行构建的有效措施

现阶段螺旋式教学模式在高校足球课程的应用过程中要进行有效的构建才能在实际的教学过程中充分发挥作用，同时在实际的构建过程中要充分考虑应用过程中可能出现的实际问题，并进行有效改善，从而在整体上促进学生进行足球课程的学习。

（一）高校足球教师要不断提升自身素质

在高校足球课程中应用螺旋式教学模式，高校足球教师要不断地进行有效的学习，不断提升自身的个人素质，从而在实际的应用过程中能够更加有效地发挥出螺旋式教学模式的积极作用。螺旋式教学模式作为近年来新兴的一种教学模式，与传统式教学模式有本质上的不同。因此高校足球教师在应用螺旋式教学模式的过程中首先要对螺旋式教学模式有深刻的了解，有效了解如何将螺旋式教学模式与实际教学过程相结合，从而能够更好地促进学生进行足球课程的学习。高校可以组织足球教师进行定期的统一学习，有效帮助教师不断提升个人素质，有效推进螺旋式教学模式在实际教学中的有效开展，促进高校足球课程有效提升质量。

（二）高校足球教师要有效掌握开展螺旋式教学模式的方式

在高校足球课程中应用螺旋式教学模式，教师要充分了解螺旋式教学模式的应用流程，要针对螺旋式教学模式在实际教学中的构成进行充分的学习，以在日常的教学过程中才能够有效地开展螺旋式教学模式。高校足球教师在开展螺旋式教学模式的过程中，要掌握足球教学从易到难，从理论到实践的过程，以帮助学生充分地进行足球课程的学习。在螺旋式教学模式开展的过程中，教师可以利用网口教学平台对学生进行理论知识的教育教学，并且可以在之后有效开展视频教学，使学生能够在自主学习的过程中初步了解足球动作，有效提升学生的自主学习能力。同时在这过程中能够使教学过程按照由易到难的方式进行，合理有效地促进学生进行足球课程的学习。

（三）高校足球教师要使用与螺旋式教学模式相配套的评价方式

现阶段，高校足球教师在利用螺旋式教学模式开展教学的过程中，要应用与螺旋式教学模式相配套的评价方式，以合理有效的评价方式点燃学生对于足球学习的热情。高校足球教师可以将评价分为理论评价与实践评价，也就是将学生的理论成绩与足球动作成绩相结合。

综上所述，高校足球教师在实际的教学过程中应用螺旋式教学模式是具有重要意义的。现阶段在新课改不断深入的过程中，螺旋式教学模式作为一种新型教学模式也开展被应用与高校的足球体育课程中。高校足球教师在课程教学中应用螺旋式教学模式能够有效帮助

学生提升自身对于足球运动的兴趣，有效提升高校足球课程的教学质量，并且能够有效帮助学生提升自身的学习主动性，从而更好地帮助学生保持身体健康，提升自身素质。但是在现阶段螺旋式教学模式的实际应用过程中，部分教师由于自身的教学素质较低以及部分没有结合实际教学情况等问题的出现，导致螺旋式教学模式在实际的应用过程中无法充分发挥出自身的积极意义，并且使得学生对足球课程的教学模式的兴趣降低，在整体上导致了足球课程的教学质量下降。因此，高校足球教师在应用螺旋式教学模式的过程中要不断提升个人素质，对螺旋式教学进行深入地了解，并结合教学进度等实际情况，制定合理科学的教学目标，从而在教学过程中能够对螺旋式教学模式进行合理的构建，在整体上促进学生的足球学习，帮助学生全面发展。

第六节　高校足球"三维一体"教学模式

足球运动以其独特的魅力和健身价值成为我国全民健身的重要组成项目，亦是高校体育教学的重要资源，也是高校新课程改革的重点研究项目，目前关于足球教学模式的研究呈现百花齐放的态势，例如：分层次教学、快乐式教学、渐进式教学等，虽然对促进高校足球教学起到了一定的积极作用，但同时我们也应该注意到，上述这些教学模式依然以教师为主体地位，而学生依然是课堂教学的从属地位，并未有体现出我们国家素质教育以人为本的理念。"三维一体"教学模式正是基于以人为本的教育理念，将视、听、动觉等器官有效的结合，在教师的指导下，找出足球运动的特点和规律，自主学习、自主练习，改变传统足球教学中重教授而轻视学生学习的情况，努力培养学生练习足球的兴趣，突出高校足球教学中学生的主体地位，切实落实高校体育新课程改革实现的要求，真正实现素质教育。

一、"三维一体"教学模式的内涵

"三维一体"教学模式的内涵是指教师在组织教学的过程中，将理论知识的传授、与学生实践能力培养和未来学生发展的需求三者有机结合，形成知识能力和素质一体化的培养模式。其实质是学生将教师传授的知识系统化、实践化从而发展自身素质的过程，其中知识的传授主要是在原有的知识基础上，将新知识构造在原有知识框架当中，形成系统完善的理论体系；实践能力培养是指学生将系统的理论知识应用于实际活动当中，并通过实际活动来验证理论知识的准确性；未来学生发展的需求（素质发展的需求），是学生通过实践不断地完善理论知识，形成丰富的实践经验，进而形成发现问题、解决问题的能力。

二、"三维一体"教学模式的优势

（一）有利于培养学生参加足球兴趣

教学学家维果斯基认为人类最好的教师是兴趣，是学生学期一切的动力和源泉，教师在教学过程中要努力激发学生学习的兴趣，并使这中兴趣持之以恒，成为长久的动力所在。"三维一体"教学模式是集视、听、动于一体的教学集成模式，学生通过观看足球比赛视频，在视觉和听觉上感染学生，激发其学习足球的热情，通过对运动员的模仿，反复练习动作，既能够练习了足球动作，又能够形成轻松愉快的足球练习氛围，真正意义上实现了高校足球教学的良性循环，最终实现学生身心素质的全面发展。

（二）有利于培养学生自学能力

相关研究表明，采用了"三维一体"教学模式的学生，其足球运动水平明显比采用该模式的学生高出一筹，无论是在同一动作的学习时间上，还是在动作的准确度上，都存在明显的优势。分析其原因，"三维一体"教学模式下的教学，教师充分利用现代多媒体技术，积极引导学生观看比赛视频，分析比赛动作，并将技术动作利用多媒体技术拆分开了，深入细致的与学生剖析，有利于学生深入细致的探索和思考，有利于调动学生学习足球的积极主动性，使得学生能够在最短的时间内熟练地掌握足球运动基本技术和战术，了解足球运动的制胜规律，为其今后体育锻炼奠定良好的基础。

（三）有利于培养学生教学能力

在"三维一体"教学模式中，分组教学是其重要的组织形式之一，每一个小组每节课都要选出不同的教学学生，该同学将带领组织大家进行足球的教学练习，该同学的动作示范和足球理论知识都将得到极大的锻炼。相关研究表明，通过分组学生教授学生的练习发现，教学学生的足球运动水平明显提高，正好印证了教学相长的教育学原理，教学学生的选取可以选择随机原理，也可以采用轮流制办法，总之要充分使每一名同学都参与到足球训练当中，激发其练习足球的兴趣，形成良好的学习氛围。

（四）有利于培养学生足球创新能力

在足球教学中，学生创新能力主要体现在比赛期间技战术的使用上，而优秀的技战术是学生足球理论知识、实践能力和比赛经验的累积，"三维一体"教学模式的核心便是在系统的足球理论知识基础上形成实践技能，并通过实践来完善理论知识，通过理论与实践的结合，形成丰富的实践经验，这样学生在比赛过程中才能比赛时灵活应变，找出足球制胜的规律。

（五）有利于培养学生良好的人际关系能力

当前在校大学生已经全部是90后通过走访调查发现90后的大学生有明显的人际困扰，相关研究表明，长期参加足球运动的学生，相对于没有参加过体育锻炼的学生自信心明显加强，而采用"三维一体"足球教学模式的学生，明显比采用传统足球教学模式的学生，更加自信。究其原因，采用了"三维一体"教学模式的足球教学，学生之间、师生之间更加和谐，团队协作更加广泛、足球学习期间更加积极、乐观、向上，尤其是分组教学后，小组内部是互相帮助、互相学习的氛围，同学之间也是相互借鉴，培养足球兴趣的同时，也培养了良好的人际关系。

（六）有利于促进学生身心的全面发展

"三维一体"足球教学模式，突出了学生的主体地位，教学的基础是围绕学生练习足球的热情，正是基于此点，虽然"三维一体"足球教学训练的密度和强度都高于传统足球教学，但是由于采用了视听动技术，激发了学生练习的热情，使得学生从内心更加愿意练习，克服了疲劳、痛苦，不觉得枯燥乏味。研究表明，长时间高注意力，人的精神上极容易产生疲劳，精神上易产生懈怠感，这也是为什么传统足球教学效果不佳的原因，采用"三维一体"足球教学模式后，充分尊重学生的主体性，注重足球教学过程中的娱乐性，促进学生身心的全面发展。

三、采用"三维一体"教学模式应注意的问题

"三维一体"教学模式要求教学过程中充分体现学生为主体的地位，因此教师在整个教学过程中是从属地位，只要在适当的时候对学生进行引导，例如：在观看视频等足球资料的时候，指出技术动作的重点、难点，并有针对性地将学生分成若干小组，鼓励小组内部成员互相帮助、团结创新。在"三维一体"足球教学模式的初期，教师不易对学生设定过高的目标要求，教师在教学过程中对于学生更多的是积极鼓励。

"三维一体"足球教学模式能够激发学生学习足球兴趣，培养学生自学能力和教学能力，有利于学生形成良好的人际关系，促进学生身心健康发展，是高校体育新课程改革下，实现素质人才教育的重要途径。

第七节　高校公共足球 2+1 教学模式

在普通高校的公共足球教学中，实行足球选项课、足球运动欣赏课和训练学生足球队的 2+1 教学模式，能够形成球场与课堂互补，课内与课外结合的教学机制，满足学生对足球知识和技能的不同层次的需要，激发学生的学习兴趣，有效提高足球教学质量，也可为其他专项教学提供有益参考。

足球运动是世界第一运动，由于参赛人数多，技战术复杂，对抗激烈，观赏性和趣味性强，集智慧、勇敢及身体全面锻炼于一身，深受大学生喜爱。我在公共足球教学中，依据《全国普通高等学校体育课程教学指导纲要》确定的课程目标，结合我校学生和体育场

地的实际，进行了一些探索和思考，初步形成了开足球选项课、足球运动欣赏课和训练学生足球队的 2+1 教学模式。这种球场与课堂互补，课内与课外结合的教学模式，能够满足学生对足球知识和技能的不同层次的需要，有效激发学生学习足球的兴趣，提高足球课的教学质量。

一、以足球选项课奠定学生足球运动的基础

2008 年，我开始担任足球选项课教学，共教过 30 个班，通过足球选项课教学奠定学生足球运动的基础。

（一）科学确定教学目标

足球是大学生非常喜欢的运动项目，选修足球课的学生尽管人数多、兴趣浓厚，但整体水平偏低，且参差不齐，大多数学生的"踢球年龄"偏大，已错过了学习技术动作的最佳时期。根据学生实际，确定足球选项课的教学目标：通过课程学习和实践活动，使学生了解足球运动的基本规律，掌握足球运动的基本理论、基本方法和基本技能，达到一定的运动技能水平；教育学生树立正确的体育观、养成勇敢顽强的作风和团队精神。

（二）精心组织教学活动

为了实现教学目标，针对学生实际情况，精心组织教学活动。

一是适当调整教学难度。按照足球课程教学大纲的要求，技术教学所占比重偏大，作为非体育专业的学生，身体素质和基础都相对较差，难以达到。适当降低教学内容的难度，先从基本技术开始教起，防止专业化教学倾向，使学生消除畏难情绪；稍有起色后则由易到难，由简单到复杂，逐步上升到由几个基本技术组成的配合，进而形成基本战术，并增加战术的安排，从而巩固基本技术。

二是根据学生差异因材施教。我根据每个学生的技术基础、身体素质等具体情况确定教学内容、教法、运动负荷，提出具体的要求，以增强他们学习足球的信心，克服自卑情绪。在技术战术教学中，根据学生自身的条件，将学生按场上的不同位置分为前锋、前卫、后卫、守门员等几个小组，分别进行技能、战术教学，使教学内容和方法更切合个体实际。

三是教学过程充满乐趣。足球对学生最大的吸引力是比赛，教师要引导学生体会运动乐趣。我在教学中，把足球的竞技性与趣味性相结合，运用比赛教学法、小组教学法、足球游戏法以及多媒体教学等手段，使教学过程充满乐趣，增强课程对学生的吸引力。

（三）全面提高学生素质

足球选项课教学为学生足球运动奠定了基础。学生掌握了足球运动的基本理论和基本方法，具备了足球运动的一定技能，神经系统、呼吸系统和血液循环系统的生理功能得到改善，速度、力量、耐力、灵敏、协调等身体素质有所提高。学生通过足球训练和比赛释放了心理压力，学会在比赛中自我调节心理状态，掌握和控制自己的情绪，强化了心理素

质。足球训练和比赛对抗激烈，运动量大，锻炼了学生顽强拼搏的精神，磨炼了他们的意志品质。足球比赛是一个靠全体队员分工配合、团结一致才能进行和获胜的集体项目，通过足球教学和训练，培养了学生的团队意识。

足球选项课教学，较好地实现了预期目标，也刺激了部分学生进一步了解足球运动的求知欲，他们希望开阔足球运动视野，提升欣赏足球比赛的水平。为了满足这些学生的要求，我开设了公共选修课：足球运动欣赏。

二、以足球欣赏课拓宽学生足球文化的视野

2012年3月起，我面向全校开设足球运动欣赏的公选课，24个学时，学生们选课热情很高，其中修过我足球选项课30%的学生、我带的足球80%的队员都选修了足球欣赏课。通过足球运动欣赏课拓宽学生的足球文化视野。

（一）合理选择教学内容

足球运动欣赏课是足球选项课的延伸和补充。其内容安排10个专题：古代足球的萌芽与发展；世界足球运动的发展及趋势；现代足球运动的状况与特征；欧洲五大联赛简介；中国职业足球现状与展望；足球竞赛规则与裁判法；著名运动员介绍；著名教练员介绍；经典比赛赏析；足球文化解读等。重点是对比赛的经典战例、战术配合的精彩片段、球星在比赛中的作用、教练员临场指挥的艺术手段等内容进行讲解和分析，使学生对足球运动有更深入的了解。

在选择内容时，我考虑的因素有：一是教学内容的整体性，要与学校体育教育的目标、内容相一致，与足球选项课的内容相衔接。二是反映足球领域的新进展、新成果、新观点与新方法。三是对准学生的兴趣点，解答学生迫切需要解答的问题。四是不断更新和丰富教学内容，注意解读足球运动的文化内涵。

（二）运用多媒体教学手段

开发网络足球课程资源，利用多媒体平台是足球运动欣赏课教学的最佳手段。多媒体平台集文字、图像、视频和声音等于一体，动静结合、声像合一，生动展示战局跌宕起伏、变化莫测的精彩足球比赛或经典技术。通过观摩比赛，教师讲解队员之间的默契配合、教练员临场指挥的成功经验、各种流派的打法特点、各支球队的技战术风格、场上位置的变化、裁判员的错判、漏判以及足球的常用术语等等，让学生看懂足球，体会足球规则，领略足球魅力，感悟足球哲理，玩味足球文化，培养对足球的感受力、鉴赏力。

（三）拓宽学生足球视野

足球运动欣赏课广受学生欢迎，也收到了良好的效果。

一是开阔了学生的足球视野。通过足球欣赏课教学，学生了解了足球运动的起源与发展过程；知道了世界足球运动的现状；参与探讨中国足球运动的问题；懂得了足球竞

赛的主要规则等，弥补了足球选项课的不足，优化了知识结构，使学生更深入全面地认识了足球。

二是激发了学生的足球兴趣。通过欣赏精彩纷呈的足球比赛，特别是那闪电般的快速突破、巧妙的传切球、远距离大力凌空抽射、近距离飞身头顶球、倒钩球、直接任意球、角球发出的弧线球，以及进球时运动员热烈地拥抱、看台上疯狂球迷的欢呼雀跃等，都使学生获得积极、愉悦的情感体验和美的享受，提升了欣赏足球比赛的水平，进一步激发了解、观赏和参与足球运动的兴趣。

三是引导学生品味足球文化。什么是足球运动？人类学家说足球运动是下肢的解放，人文学家说足球运动是游戏的体现，政治学家说足球运动是国家的工具，军事学家说足球运动是战争的游戏，教育学家说足球运动是体育的教育，艺术家说足球运动是审美的追求，经济学家说足球运动是巨大的产业。人们从多层面解读足球运动丰富的文化内涵，足球运动欣赏课引导学生从自己专业和熟悉的角度品味足球文化，有助于提升人文素养。

足球选项课和足球运动欣赏课激发了足球爱好者踢球的热情，为了满足这些同学的要求，我指导训练了一支学生足球队。

三、以训练足球队提升学生的实战能力

从 2008 年开始，我担任学校某二级学院学生足球队的义务教练，在实现课内与课外结合、提高学生足球运动的实战能力方面进行探索。

（一）长期坚持义务训练

指导学生足球队，我从队员的选拔、训练计划的制订、基本技术的练习、错误动作的纠正、身体素质的强化、比赛和团队意识的培养、技战术的运用等各方面进行指导。尽管在球队训练中有许多困难，如新老队员更替频繁，足球队人员不稳定；教学场地紧张，经费困难；训练没有纳入教学计划等。但我仍然坚持每周训练一次，五年不间断，满足了学生希望接受比较专业的训练、提升足球运动技能的愿望。

（二）选择恰当的训练内容和方法

学生足球队的队员喜欢踢球，但在中小学阶段没有受过系统正规的训练，虽有一定的个人控球及突破能力，但基本功很不扎实，缺乏集体配合意识，没有位置感和全局观念。我在训练中根据队员的身体素质特征、技术特征、生理心理特征和场地环境等实际情况，选择恰当的训练内容和方法。训练内容主要是身体素质训练，学习基本技战术知识，培养团队精神和顽强拼搏的意志品质。训练方法是将学生提升个人技战术水平的目标分层细化、扎实训练和推进；培养球队整体配合意识，训练学生处理好个人与团队的关系；坚持以人为本，倾听学生的心声，了解学生的需求和困惑，增强教学和训练的针对性；及时鼓励和纠错，激发队员的训练积极性；加强练习方法指导，鼓励学生利用网络进行自主学习和交流。

（三）提升学生的实战能力

着眼于实战进行训练。高校公共足球课的教学通常缺乏足球比赛的对抗氛围，学生虽然掌握了一些足球技术和战术，但在正式比赛中，由于心理、环境等因素的影响，并不能完全发挥出自己的水平。所以，在足球队的训练中，一切从实战出发，真正训练学生掌握在比赛中能够用得上的技战术，真正提高足球运动的能力。

比赛是训练最好的老师，更是巩固和检验训练效果的最好方式。我把校运会的足球比赛、学校足联每年举办的两次联赛看做足球教学的课外延续，积极指导球队参赛，还积极组织校内外足球赛事，为球队创造更多的比赛机会，在比赛中积累经验，增强实战能力，使学生真正享受到足球运动带来的快乐，推动了校园足球运动的开展。鼓励学生对足球比赛进行市场化运作的尝试，为比赛寻求赞助，尽管学生拉来的赞助很少，但对学生也是有益的锻炼。

通过足球队的训练，队员足球运动的基本技术、团队意识和战术配合意识有了显著提升，队员的实战能力明显增强，在校运会足球比赛和学校足联赛中都保持了亚军的好名次。

四、探索 2+1 足球教学模式的几点感悟

五年的足球教学，我奔走在球场与课堂之间挥洒汗水，寻找二者互补的方式；五年的足球授艺，我徘徊在理论和实践两端耗费心力，思考二者统一的途径。有辛苦，有喜悦，也有一些肤浅的感悟。

（一）追求三维目标

高校足球教学应有三个目标：一是传授足球运动的基本知识和技能；二是培养学生科学的锻炼能力和习惯；三是对学生进行足球文化教育（包括拼搏精神、团队意识、规则意识、人文素养等）。三者缺一不可，教师必须全面把握。如果在足球教学中只是简单地教给学生一些基本的运球、传球以及比赛常识，在训练中也仅仅教给学生一些基本动作和技术战术，而忽视锻炼习惯的养成，忽视足球文化的熏陶，忽视人文素质的渗透，忽视优良品质的培养，不仅会使足球教学乏味无趣，也会降低足球教学的质量。

（二）构建系列课程

为实现三维教学目标，应该构建足球课程系列。足球选项课、足球运动欣赏课、指导学生足球队的 2+1 系列课程，相互补充，能够收到理论与实践交辉，课堂与球场相映，课内与课外结合的效果，明显地提升足球教学的质量，有效地培养学生的足球特长和兴趣，为有足球特长和爱好的学生提供了进一步发展的空间，实现《全国普通高等学校体育课程教学指导纲要》所规定的课程目标和发展目标。

（三）优化教学方法

教学和训练方法是完成教学任务、实现教学目标的重要保证。教学有法，教无定法，

贵在得法。教师要根据教学目标内容、学生实际、场地环境等具体情况，选择恰当的教学方法。要将探究学习法、合作学习法引入足球课堂教学，充分发挥学生的主体作用；要倾听学生的心声，了解学生的需求和困惑，增强教学和训练的针对性；要将网络和多媒体技术应用于教学过程；要加强学法指导，鼓励学生利用网络进行自主学习和交流；用多元化、多层次的方法评价对学生的学习成绩，引导学生为健康和兴趣而锻炼，而不只是为了考试过关而应付。

（四）提升自身素质

足球教师要加强师德修养，在学生中树立良好的教师形象，成为学生效法的榜样；要提升自己的专业素养，在专业知识、足球技术、动作示范、疑难解答等方面成为学生服气的师长；要优化自己的知识结构，在人文知识方面成为学生愿意交流的伙伴；要不断进行教学反思，虚心向学生学习，追求教学相长，把学生的问题、意见、建议变成可开发的课程资源；要关心爱护学生，在学生遇到困难时成为他们可信赖的朋友。

第七章　高校足球教学的实践应用研究

第一节　翻转课堂教学在高校足球教学中的应用

随着互联网技术的不断发展进步，在高校教育教学改革的背景下，高校足球教学将翻转课堂引入足球教学中已成为发展的必然趋势。基于此，本节以翻转课堂教学模式为研究对象，采用文献资料法等研究方法，对翻转课堂在高校足球教学中开展的可行性、在线模块的开发及翻转课堂对人们思想认识上的冲击进行分析，通过设定目标导引模块、线上学习模块和数据统计等具体模块内容，利用翻转课堂和传统课堂这种线上线下无缝衔接的教学模式进行研究，以便更有利于对足球的教与学。

"互联网+"时代的来临，翻转课堂等一些新的教学手段纷纷袭来，给高校教师和课堂教学带来了巨大的冲击和挑战。翻转课堂打破了以往学生和教师只能面对面进行知识传授的传统教学模式，学生和老师可以不受地域、时间限制开展学习，这无形中增加了学生学习的广度和深度。翻转课堂也给足球高等教育教学改革带来了新的机遇和挑战。在2016 年教育部颁布的《教育信息化"十三五"规划》中鼓励高校教师要利用信息化技术进行创新教学。在高校足球教学中，翻转课堂与线下的传统教学模式可以优势互补，利用慕课、微课等技术，吸纳当下互联网平台互动的最新形式——直播、弹幕、投票、游戏闯关等，采取小组合作、自主探究等多种形式的在线模块，更好地促进足球教学的开展及学生们对足球技术的学习。

新时代大学生是互联网的主体，他们思想开放，容易接受新事物，互联网已经逐步渗透到他们的学习、生活和娱乐的方方面面，因此他们也能更快地适应足球翻转课堂这样的新事物。

翻转课堂本质是从以教师为主体转变成以学生的主动学习为主体的教学形式，同时该形式更加注重学生的个体差异，通过学生的自我展示，激发学生内在学习动机。而教师要在学生的自我展示中，对学生们好的一面要给予肯定，对学生们暴露出的不足，要从专业知识上答惑解疑，给予明确评价。

目前翻转课堂在大学足球教学中研究及应用均较少，本节从翻转课堂在足球教学中的可行性、课程设计等进行分析，试图更好地推动和促进翻转课堂在高校足球教学中顺利开展。

一、翻转课堂在高校足球教学应用中的可行性

（一）足球教学技术性内涵的要求

足球技术包罗万象，11 名队员被分在前锋、中锋、后卫及守门员的不同位置，应运而生出前场、中场和后场的不同足球区域战术和整体战术配合。所有这些战术的完成又离不开足球的基本技术，比如脚内侧踢球、脚背内侧踢球、脚背正面踢球、脚背外侧踢球、脚内侧运球、脚背正面运球、脚背外侧运球、顶球、脚底停球等组成。足球场上双方 11 名运动员的比赛阵形和位置不断变化，怎么能在瞬息万变的两队较量中，迅速并下意识选择和运用好最佳的足球技术等问题，这些知识点不是那么容易在短短的课堂教学中被熟练掌握的。传统课堂教学时间这时候就显得短暂和不足，需要我们进行足球教学改革，翻转课堂在这方面能满足传统课堂在教学时间上的不足，无形中打破学生们在足球学习中的时间和空间界限。

同时，翻转课堂内丰富的教学资源，弥补了教师在传统课堂授课时，由于无情景式教学带给学生们的抽象表述，可以利用数字化技术把比赛中一些足球技战术进行讲解，并进行多角度的分解演示。学生们根据老师布置的任务和要求在翻转课堂中进行理论技巧的预习，也可以在有能力的情况下，自己不断深入学习各种理论，这样在足球的传统课堂中，通过老师的点拨就能很快掌握相应的足球技巧。

（二）学生对足球技术不同接受程度的要求

即使是足球专业学生，每个班的学生在学习足球方面的悟性和能力也是不同的。按照蔡宝来教授的研究，通常每个班级同学都是基于 7-2-1 或 8-1-1 两种模式。骨干教师追求的是 7-2-1 模式，即全班同学中等生、后进生和优秀生占比分别是 70%、20% 和 10%；而专家教师在课堂中追求的是 8-1-1 模式，即 80% 是中等生，后进生和优秀生各占 10%。在传统的足球课堂中，中等生和优秀生通常对课堂足球教学中的技巧都能达标，但两种模式中占比分别为 20% 和 10% 的后进生总是不能完成课堂学习目标。而足球技术的构成又是环环相扣的，每一个技术的掌握程度都会影响最终技战术的发挥。这部分后进生就是我们需要重点关注的对象，他们对课堂内容的延迟掌握，一方面影响了这部分学生的学习热情和伤害了他们的自尊心，另一方面老师的多次重复讲解也会耽误整体教学任务的完成。翻转课堂可以解决教与学在这方面的矛盾，这部分接受能力差的同学通过翻转课堂中的微课、PPT、慕课等的反复预习、反复观摩，熟悉课程内容，在课程实践中再通过老师的讲解或答疑就能很快掌握相应理论知识，保证课堂教学的顺利进行。

（三）构建多元化考核指标的要求

在高校非专业足球教学考核中，传统考核方式相对单一，通常是根据技术评定和技术达标情况进行给分，简单说来，就是做得对不对及数量够不够的考核。对于足球专业的学

生，也只增加了对足球理论知识的考核部分。这种考核方式忽略了对学生学习过程的考核，忽视了学生身体素质之间的客观差异，也忽略了对学生学习的主动性、思辨性和创新性的培养。

翻转课堂促进了考核指标的多元化设置，可以全面了解学生的学习动态，增加了包括观看视频数量、访问次数、拓展作业和师生互动行为次数等多项考核内容，激励学生对足球理论的自主深入学习，使考核评价方式更科学、合理，推进了足球教学的改革。

（四）特殊时期教学的要求

2020 年春节前后，由于新型冠状病毒（2019-nCoV）在全国蔓延，按照党中央决策部署，要把人民群众生命安全和身体健康放在第一位。因此，教育部部署，为不让疫情进入学校，推迟全国所有大、中、小学开学时间，同时又提出"推迟开学不停学"要求。各省市教育厅、教育局部署教师充分利用"在线教学"，做到教师不停教、学生不停学，最大限度减少疫情对教学工作的影响，为疫情稳定学生返校后的教育教学工作做好衔接和准备。

在这个非常时期，翻转课堂就能解决教与学的矛盾，被用于远程教学，突破班级、年级、时空和地域的限制，实行弹性教学。

二、翻转课堂在高校足球教学中的模块运用

在翻转课堂的实践中，主要是通过信息交互平台，教师将视频、微课、慕课、PPT 等内容挂靠在课程中，实现学习流程和教学模式的知识内化。翻转课堂可利用的平台较多，包括超星尔雅平台、智慧树平台、学堂在线平台、蓝墨云班课平台、学银在线平台、爱课程平台等等。"高校足球教学"课程的翻转课堂设计构建主要分成三大模块，包括目标导引模块、线上学习模块和数据统计模块。

（一）目标导引

此模块包括学习任务及重点难点。学习任务和重点难点按章节罗列，被分成了五章内容，即足球文化、足球基本技术、足球战术、足球规则及裁判法。每章下又分详细的小节内容。老师需要在课前根据教学进度发布学习内容及相应的在线作业。

（二）线上学习

"线上学习"是翻转课堂的主要内容，包括视频学习、在线检测、拓展学习、分组讨论和师生互动。点击界面上的"线上学习"对话框，同学们根据自己一卡通号及密码就可进入线上学习界面。

在"高校足球教学"课程名称下的每一章及每一节各专项内容中都有相应的视频资料。视频资料可以是慕课、微课及比赛视频等资料。每个小节的视频资料不需太长，一般控制在 10 min 左右，既保证把每小节的专项内容给学生讲解、演示明白，也能保证学生每次观看视频都能有最佳的学习状态，不会让"高校足球教学"这门课程成为同学们的学习负

担。在学习过程中如遇到难理解的知识点、技战术，还可反复观看。视频学习后，学生点击进入"在线检测"，在线检测由一些单选或多选题组成，用来评价学生对视频课程的掌握情况。

在每一小节中，点击"拓展学习"按钮，这里的内容可以是"找找看""找错误"等特定内容。老师根据每一小节的学习内容，播放相应比赛视频或自己录的微课，让同学找出相应技战术，或是错误技战术，或让同学们分析在某一节点，某运动员为什么要运用那种技战术，是否还有更好的技战术可以运用等等。学生看完"拓展学习"的内容后，以上交作业的形式上传自己对相应知识的理解。通常在传统的课堂中，由于教师的精力和课堂的时间有限，教师们重点关注的一般是 7-2-1 模式和 8-1-1 模式中占 70% 或和 80% 的中等生的学习。而在翻转课堂的"拓展学习"中，教师就可以重点关注上述两种模式中占 10% 那部分优等生的学习，因为这部分学生的学习超出预期学习目标，所以在传统课堂总感觉"学习内容不尽兴，吃不饱"，可以鼓励这部分学生超前进入其他章节的学习。

在"分组讨论"中，老师通过学生们在传统课堂中的表现及对翻转课堂中大数据的分析，将优等生和后进生均匀分配，再和中等生组成不同小组，老师在线上安排各小组间进行技战术的分析和讨论。

点击"师生互动"按钮，同学们之间可以在线上讨论问题；在观看视频过程中，如遇不懂的问题时，也可暂停视频，在此求助老师和同学。通过师生互动模块，老师可以了解学生们对某一知识点、技战术的掌握情况，对学生进行个性化的指导。在师生互动版块，教师在指导过程中应重点关注 7-2-1 模式和 8-1-1 模式中占比分别为 20% 和 10% 后进生的学习情况，以确保他们对知识点的理解，在后续的传统课堂中不被落下。

（三）数据统计模块

这部分包括学生访问统计、学习进度统计、作业完成情况统计、成绩统计四部分。翻转课堂不只是学生学习的线上平台，它还能给我们提供足球教学的很多大数据。学生一旦登录自己的"高校足球教学"这门课的翻转课堂后，教师就可在后台看到，内容详细到哪个班的哪位同学几点登录、视频观看多长时间、完成了几个章节及小节作业等等，可以有效监督学生在线作业的完成情况。在成绩统计部分，还可以通过设定考查项目，如观看视频、访问数、作业和师生互动的不同权重，给出线上学习的分值，最后结合线下传统教学实践的综合分值给出学生这门课程的最后得分。教师将翻转课堂中的大数据有效利用起来，可以为足球教学课程改革及新时期人才的培养，更好地服务。

三、翻转课堂在高校足球教学应用中应注意的问题

（一）认为翻转课堂可以完全替代传统课堂

有的老师开展了翻转课堂改革后，发现这种上课形式灵活，就认为其可以取代传统课堂。这是错误地理解了翻转课堂的设定宗旨。其实翻转课堂是服务于传统课堂的，它作为

传统课堂的补充和升华，是为了让同学们更好地完成预习、复习课程，拓展同学们的认识领域，开阔学生们眼界的一种课程辅助手段。翻转课堂做好以后，应该根据大数据及时调整和改进教学计划或内容，使其更好地为课程服务。

（二）认为开展翻转课堂降低了对教师素质的要求

其实要想让翻转课堂不成为虚设，提高学生们对翻转课堂的认可度和参与度，首当其冲就是要提高教师自身的教学素养和熟练运用数字化技术的能力，才能更好地设计翻转课堂的模块内容，结合自己的专业知识和对教学内容的独特理解，有针对性和独创性地利用微课、慕课、比赛录像等形式，从专业的角度带领学生一步步走进足球的世界。其次，在整个翻转课堂的教学中，需要教师付出更多的责任心，提高自己的业务能力，为学生筛选、制作出更好的教学资源；需要老师付出更多的爱心，适时鼓励和激励学生，用老师的人格魅力、渊博的学识调动学生们的学习热情。

（三）认为学生可以自行管理在翻转课堂上的学习

有些老师认为翻转课程设置好后就万事大吉了，剩下的就是学生们自行上平台上学习就行了，忽视了教师的监管职责。翻转课堂是足球教学的一种新形式，运用好会在教学中起到锦上添花的效果，运用不好反而浪费了教学资源，不能提高学生的足球知识素养和足球技能。

在翻转课堂开课后，我们需要学生能自主学习，利用自己碎片化的时间进行线上学习。多数的学生都能积极配合，适应这种新的教学模式，但总有少数自律性差的学生不能按老师要求上线学习。因此，翻转课堂建设好后，老师要利用后台大数据，了解学生在线学习情况和知识点的掌握情况，要及时对学生的在线作业进行批阅及评价反馈，对学生的在线提问及时给予解答，对学生掌握不好的知识点通过翻转课堂或传统课堂上的讲解予以解决。并要通过课程设置、课程的评估体系、学生的激励制度、学分认证、互动与评价机制等来保障翻转课堂的顺利实施。

"高校足球教学"翻转课堂要通过线上学习，辅助传统课堂的教学，促进线上和线下的互动，灵活的教学模式能够提升学生们在足球学习上的效率，提高学生自主学习的能力、思辨能力、合作能力。翻转课堂改变了传统课堂中以教师的"教"为主体，变为以学生的"自主学习"为主体；打破了传统课堂的时空壁垒，能更好地满足学生对足球教学的个性化需求；教师们也要通过建课、管课、参与互动、组织课堂、分析数据和不断改进翻转课堂的模块内容，通过"高校足球课教学"翻转课堂的模式，培养更多、更精的足球人才。

第二节 支架式教学在高校足球教学中的实践应用

足球教学能够提升高校学生的身体素质水平，培养学生掌握足球运动技巧，促进我国高校学生的综合素质发展。传统的教学模式已经无法适应我国高校的足球教学目标，因此本节主要基于支架式教学模式，讨论了支架式教学模式的重要概述和教学过程，重点讨论了在高校足球教学中支架式教学的教学模式。

在高校足球教学中应用支架式教学模式，能够有效提升教学质量，但是调查显示，目前我国高校足球教学中并没有大范围地应用支架式教学模式。在高校足球教学课堂中应用一定的教学方法和教学策略，把课堂教学跟支架式教学相结合，在高校足球教学中应用支架式教学模式，能够促进我国高校足球教学的多样化发展。

一、支架式教学模式重要概述

（一）支架式教学模式

人在受教育过程中会形成高级的心理机能，心理机能分为高级心理技能和地基心理机能两种，而最近发展区理论则是说学生在受教育中会有两种发展水平，一种是现有的发展水平，还有一种是在他人的指导下达到的一种发展水平，这两种发展水平中间的差距就是最近发展区。这也最近发展取得理论知识是心理学家维果茨基首次提出来的。支架式教学模式就是基于最近发展区的理论基础，强调了教师要在课堂教学中给学生们提供有效的教学条件和教学平台，引导学生开展知识学习，并通过课堂学习掌握和理解新的知识。支架式教学模式的核心就在于支架的构建。例如说在语文课堂教学中，教师可以通过描述不同的词语含义，让学生在了解这个词语的基础上完成整句话的理解，然后是整个段落和文章的了解，这个支架搭建的过程，就是支架式教学，应用支架式教学能够有效培养学生的逻辑性和连贯性。

（二）支架式教学模式教学过程

支架式教学时从国外引进的新兴教学模式，能够培养学生的综合能力，提升课堂教学质量。支架式教学总共可以分为五个教学步骤，第一步就是要建立支架，例如说在讲解足球的侧踢球运动内容时，教师可以在上课开始之前先给学生播放足球比赛片段，让学生通过观看球员侧踢球的段落，更加直观地感受到侧踢球的角度和方法，能够为学生后期的学习建立起学习支架。第二步骤则是需要给学生建立学习情景模式，让学生能够从真实的侧踢球运动中，感受到侧踢球需要使用的力度和角度，并从实践教学中锻炼踢球技巧。第三步是教师要引导学生自己在实践中探索和掌握侧踢球的技巧，不同的学生有不同的学习能力，教师给学生预留出充分的时间，能够让学生更快更好地掌握侧踢球技巧。教师和学生要加强沟通交流，因此第四步就是教师和学生、学生和学生之间要进行彼此的交流讨论，互相交换足球技能。最后一步则是进行学习反思，反思和评价自己在学习过程中的得失，通过反思来总结出足球的相关知识点，体会到足球运动给学生带来的乐趣。

二、支架式教学模式在高校足球教学中的应用

（一）设计教学支架

在高校足球教学中应用支架教学模式，能够给学生提供更加多样化的教学方法。支架教学需要首先设计好支架，教师要应用自己掌握的教学知识和教学经验，基于学生实际的足球学习情况，根据学生的发展规律和发展需求，开发出更加适合学生足球学习的教学之家，在教学支架中精心设计每一个教学步骤，避免教学中出现过于大的跳跃性教学知识，导致学生无法快速理解知识。教学支架的设计要以学生为重要基础，以符合学生实际情况为主，形成多样化的教学支架，促进学生的个性化发展。

（二）尊重学生的主体地位

支架式教学强调了学生是课堂教学的主体，教师在课堂教学中属于引导者的位置，因此在高校足球教学中的教师要应用支架式教学，引导学生积极主动地参与到课堂教学活动中去，提升学生的参与积极性，让学生通过足球学习感受到运动的快乐，了解足球运动的学习价值。在课堂教学中教师要充分尊重学生的选择，多使用鼓励的语言来提升学生的学习能力，培养学生的内在运动潜能。

（三）根据学生能力搭建支架

不同的学生拥有不同的身体素质和不同的运动能力，这跟学生原有的运动经验还有接受新鲜事物的能力有很大的关系，因此针对不同的学生教师要使用差异化的教学方法，搭建出多样化的教学支架，根据不同学生的身体素质和发展水平，教师可以成立小组合作学习模式，让一个学生带另一个学生，通过这样的教学方法来缩小不同学习能力学生之间的学习差距。

（四）加强学习进度的追踪

完成教学任务并不算是支架式教学的重点，只有学生真正掌握了运动的技术和技巧，才能够把支架式教学模式的价值发挥出来。在课堂教学中教师要针对不同教学阶段的学生学习情况进行综合评价，相应地调整自己的教学支架，确定教学支架的建设能够适应学生的学习情况，满足学生的发展需求。

支架式教学创新了高校足球教学观念，提升了高校足球课堂教学质量和效率。

第三节　创新式教学在高校足球教学中的应用

为不断提高我国教学质量和水平，政府一直着力推进高校教学模式的改革与创新，作为帮助学生提高身体素质的体育教学项目也需要进行创新和改革。只有不断了解足球教学的实际效果，不断创新教学方法和内容，才能提高学生的学习动力和积极性，才能提高教学效率和教学成果。本节将对创新式教学在高校足球教学中的作用、意义和创新式教学的应用方法进行探究，旨在对高校足球教学模式的改进提出一定的建议。

\实施和推广素质教育是一个民族不断进步，屹立于世界民族之林的重要措施和手段。创新性课堂教学模式区别于传统的教学模式，是指以传统教学经验和成果为基础，辅之以现代化的教学理念、教学工具，顺应当今网络化趋势，综合运用现代多媒体教育技术，丰富教学形式，充分开发学生的学习潜力，训练学生的创新思维和发散思维，培养学生的创造能力。足球的创新式教学在实施过程中又具有其独特的特点和方式。

一、创新式教学对高校足球教学的意义

高校提高对体育工作的重视程度，并将校园足球工作作为重点建设项目，努力探索足球普及和提高工作及足球队良好运行机制，开展校级联赛，创新足球教育教学并融足球运动于学校日常教育教学中，让学生既能在学业上精进深造，还能在绿茵场上锻炼出强健的体魄和坚毅的品格。

在高校足球的创新型教学应以唤起学习兴趣、鼓舞拼搏精神为宗旨，以创造适合师生健康生长、个性发展的卓越教育为目标，充分培养学生体育锻炼的兴趣，让学生在自己喜欢的运动上学得更专业一点，不让体育课程变成一种模式化、统一化的教育。让学生主动接受和学习足球的相关知识，主动参与到日常的训练过程中，改变传统的"填鸭式"教学方法，让学生在学习中体验快乐、收获知识、提高身体素质。

二、创新式教学在高校足球教学中的应用方法

（一）加快转变教学观念

足球项目不应影响学习的课外活动，而是能帮助学生提高身体素质的体育项目，学校应当推动家长、教师和学生观念的进一步转变。为了推进校园足球运动的顺利开展，学校应当协调好家长、班主任和其他任课老师几个主体的认知，并找对方式方法。邀请家长参与观看足球比赛，邀请班主任、教师参与足球比赛，很多班主任通过参与或观看教工比赛感受到了足球的魅力，转而支持学生适度参与足球活动。

高校在制订发展规划和学期工作计划时，应当健全和完善足球教学日常管理制度，在

制度内进行课余的训练和竞赛，做好运动安全事故风险防范应急预案，聘用聘请专业的教学人才并定期进行培训。定期开设足球训练营、训练班，制定合理、系统、科学的教学制度和课程安排，训练强度要适应学生的身体状况。

（二）合理改进教学内容

提高高校体育教学的专业配置，聘请专业足球教练，定期邀请校外专业教练员前来指导，在国家校园足球教学指南的指导下，结合学校现有的体育资源，开发足球基础知识培训课程。

定期开展足球进课堂、话足球、写足球、班级足球联赛等系列活动，适时举办校园足球专题讲座，积极向学生普及通俗易懂、简单实用的足球知识，让越来越多的学生亲近足球、喜爱足球。设立专门的足球社团，推动球队、班际比赛常态化、年级比赛制度化，并把足球作为体育课的必修内容，纳入大课间和常规体育活动之中，让学生能更好地锻炼能力、收获快乐。借助完善制度与高效管理的力量，不断将校园足球工作推向新的高度。

（三）创新应用教学方法

优秀并且适宜的教学方法能在教学过程中起到事半功倍的效果，所以高校足球教学应当革新教学模式与教学方法，提高学生的学习兴趣，缩小学生之间的教学差距，推动足球教育事业的蓬勃发展。现在的足球创新性教学模式主要包括情景式教学模式、探索式教学模式、互动式教学模式，对三种模式的有效应用对教学成果起到至关重要的作用。

1. 情景式教学模式

顾名思义，情景式教学模式指教师在备课时就要设置好与教学内容相关的教学情境，并带领学生融入教学情境中，引领学生主动提出疑问、设想，引导学生去主动思考和探索。在足球教学中，就要让学生积极地参与到实际运动中，不能仅仅停留在课本和理论知识上纸上谈兵，而是让学生融入足球训练足球比赛的情境中，使学生在实践中体会和领悟理论。

2. 探索式教学模式

探索性教学模式是指在教学过程中，教师对学生辅以一定的指导和帮助，但主要以"自主、探究、合作"的模式来对教学内容中的知识点进行学习和探究。应用于足球教学中，就需要任课教师根据每个学生的具体情况划分学习和实践小组，用于日常的足球训练，各小组、各小组成员之间能够进行有效的交流，同时也能提升小组之间的竞争意识，提高教学质量。

3. 互动式教学模式

足球教学不是单方面的理论和知识灌输，而要形成教师与学生、学生与学生之间的双向互动，形成浓厚的学习氛围。任课教师要积极发挥引领学习的作用，但也应当认识到学生是学习的主体，传授知识不应再是"填鸭式"的模式，而应当帮助学生形成自主学习、自主思考、自主解决问题的能力。但这也不意味着教师放任学生自行发展，遇到事情任课教师应当与学生积极沟通，了解学生对课堂教学的看法和建议。

本节通过分析创新足球体育教学的意义，得出在体育教学过程中高校应对教学观念、教学内容、教学方法进行一定的改进和变革，学校应当根据实际教学情况，将情景式教学、探索式教学、互动式教学三种新型教学模式融入日常教学过程中，从而提高教学的水平和质量，提升学生学习的兴趣，真正让学生体会到学习的快乐。

第四节　发展性评价对高校足球教学的促进与应用

高校足球教学作为发展大学生身心健康、促进大学生运动参与意识养成的重要手段，受到大学生的广泛欢迎。为了更好地提升高校足球教学的效益，实现足球教学的目标，该研究以发展性评价对高校足球教学的促进为研究的主题，在分析发展性评价内涵与特征的基础上，就发展性教学评价的应用价值、使用策略等展开了研究。

在高校足球教学的过程中，足球教学评价的目的是对大学生足球学习的态度、学习的效益、身心健康发展的水平等进行一个动态的、全方位的教育评价。所以，为了更好地提升对足球教学的正向引导价值，需要结合高校足球教学的内容、教学的方法、教学目标、大学生足球的足球基础等进行科学的评价，以此来提升高校足球发展性评价的效果。

一、发展性教学评价的内涵与特征

（一）发展性教学评价的内涵

发展性评价内容的综合化，注重对足球技能之外的合作、健康习惯、创新能力的评价，更好地促进高校大学生社会适应能力的提升，发展性评价方式的多元化，通过科学地使用定性评价和定量评价，促进评价方法的科学性、评价过程的可操作性。

（二）发展性教学评价的特征

发展性教学评价的特征是促进大学生的身心健康发展，避免过于使用选拔功能的评价方式。发展性评价主体的多元化，评价主体从教师单向评价转为多向评价，构建其学生、教师、管理者等多元评价主体，促进发展性评价的有效性。高校足球课堂发展性教学评价作为评价的目标取向，表现出了评价主体、评价目标、评价手段的多元化。

二、发展性教学评价对高校足球教学的促进价值

（一）发展性教学评价提升大学生足球学习的兴趣

在高校足球教学的过程中，传统的足球教学内容是单一的，其评价体系也是单一的，仅仅是注重大学生的足球技能考试成绩，这样会打击一些积极参与足球运动，但是自身运动条件不好的大学生。而新课改标准下的发展评价教学评价体系则充分尊重了每个大学生

的特点，从足球成绩、参与的积极性、运动的态度、团队精神、运动技能的掌握等全方位地对大学生进行评价。评价的内容更加丰富和立体，可以客观地反映大学生的精神面貌和身心状况。对大学生潜能的发掘，对大学生个性化的培养，并且逐渐帮助大学生在学习和成长的过程中学会正确地自我评价，充满信心和快乐地面对学习和生活。而足球发展评价教学就是以这样的教学目的为出发点，根据不同大学生的不同兴趣爱好、不同的体制状况和不同的运动基础，将传统的单一化的足球教学内容分成了众多的发展评价指标，让大学生有充分的选择空间。有利于发现大学生在学习过程中的不足，并且可以有针对性地进行改正。发展评价教学评价从人际关系、运动技能、积极性等方面入手发现大学生的不足并帮助其改正，有利于培养身心健康的大学生。

（二）发展性教学评价提供更多的展示平台

发展评价教学的评价体系也是不仅对大学生的足球成绩进行考核，还会综合考虑大学生的足球运动的参与度、积极程度、技能提高的幅度等诸多的层面。不同水平的大学生都有机会展示自己的能力，有机会参与到集体的足球运动中，增进大学生间的感情。提高大学生的自我评价能力。因为在发展评价教学评价中每个大学生都会更加了解自己的不足，可以锻炼大学生自己进行自我教育，提升足球学习的效果。在传统的足球评价体系中，仅仅是关注了大学生的定量的任务完成情况和最终的足球考试成绩。而发展评价教学的评价体系则是一种动态的评价。它关注大学生的整个学习过程，对学习的全过程进行评价。而且在定量的衡量大学生足球成绩的同时也增加了定性的评价，这使得足球成绩的评价体系不再是绝对化的，而是相对的，相对于大学生的自身有所提高就可以获得很不错的足球成绩，使大学生更加灵活地掌握足球知识。

（三）促进大学生足球学习评价的主体性

传统的足球评价体系都是足球教师对大学生的足球成绩进行打分和评价，大学生成绩的好坏完全由足球教师来决定。而发展评价教学的评价体系则是在足球教师评价的基础之上，又提倡大学生进行自我评价，已经大学生之间进行相互评价的模式。这样既丰富了足球评价的方法，又可以引导大学生关注人际关系的发展，努力提高自己兴趣的同时也会提高大学生的情商，使大学生之间和谐相处。传统的足球评价体系中足球教师一般都采用表格来对大学生进行评价，因为表格可以对大学生进行横向和纵向的对比，发现大学生的进步和不足。这一优点在发展评价教学的评价体系中仍然被沿用了下来。在每个发展评价中大学生完成的情况都会记录在表格中，并且在学期末将这些表格的内容和分数进行汇总，从而得出该大学生的学期成绩。表格简单直观，对于全方位的评价更加有利，可以节省评价时间。

三、发展性评价在高校足球教学中的应用策略

（一）加大对高校大学生的足球学习参与评价

运动参与方面的评价主要关注大学生平时的足球课出勤率和学习态度。每个大学生都必须修够一定的课时量才能获得学分。如果有病假、事假等特殊的情况，大学生在征得足球教师的同意后可以缺课，但要利用课外时间自己将学习内容补足。但是对于那些无故缺课的大学生则必须将缺的课时全部补足才能获得相应的学分。而对于学习态度则是关注大学生的足球运动的积极性，是否能够自主的进行足球锻炼，是否能够积极参与各种集体的足球活动，是否能够自主的在课外时间进行足球锻炼，还包括克服困难的情况，吃苦奋斗的态度等等，都会在评价时被考虑进去，有利于大学生人格的完善。

（二）注重对高校大学生知识技能掌握情况的评价

在知识与技能的发展评价中，主要是用 ABC 等级来评价而不是传统的分数，这样也会逐渐弱化分数对于大学生情绪的影响。而运动技能的评价也更注重对大学生的进步程度，根据进步程度将大学生划分等级。而对于足球知识的掌握则是由足球教师根据教学内容来自主决定考试的形式，可以是理论考试，也可以是论文答辩等形式。身体健康、心理健康和社会适应这 3 个方面主要是利用大学生之间和大学生自我的评价，通过合适的方式将大学生的社会表现划分成好、一般、还需努力 3 个层次。

（三）提升高校大学生体能发展的专项评价比重

体能作为高校大学生身心健康发展的基础，在足球教学的过程中大学生健康体能的评价可以借助等级评价的方式。足球教师根据大学生平时的运动表现和进步的程度，将大学生划分在不同等级之中。由于发展评价教学方法是对大学生进行了分层的教学，所以建议足球教师能够将大学生的分组固定下来，方便评价分析。而且在每个发展评价结束的时候都要组织大学生进行考核。像体能评价完全可以在足球教学的过程中按课时完成评价。而其余的评价方式则可以专门利用一课时来完成考试和打分。在评价结束后要将成绩公告给大学生，并且帮助大学生分析如何改进不足，提升足球学习与身心健康发展的水平。

综上所述，在高校足球教学的过程中，发展性教学评价的使用能够提升大学生的足球学习兴趣、丰富大学生足球学习的平台。发展性教学评价是对传统足球教学的一种突破，所以在对其进行评价的时候也要从评价的内容、形式、方法等方面进行相应的改变，以满足足球发展评价教学过程的需要。足球教学作为发展大学生健康技能的有效手段，受到了高校大学生的广泛欢迎。但是，从当前我国高校足球教学评价的有效性来看，还面临着许多的问题，这些问题需要足球教师去克服和解决。

第五节　自组织理论在高校足球教学中的应用

大学生群体自我意识的增强，对教学质量和方法也提出了更高的要求。为了满足大学生教育质量提升的需求，我国已经大力开展了高等教育课程的改革，其涉及了教育理念、教育规律等深层次问题。随着改革的推进，自组织理论受到了更多的认同。自组织教学理论的出现，不仅使我国体育教学的理念提高到了一个新的高度，而且还为体育教学改革拓宽了思路。该理论融入了高校足球教学的实践之中。本节旨在通过对于高校足球实际教学与自组织教学理论的结合情况，分析探讨高校足球教学改革的方向。

随着高等教育课程的改革，结合当代大学生的特点，将高校的足球教育与目前新的理论——自组织教学理论有机地结合起来，以理论指导实践。本节就针对在教学实践中，自组织理论的功效以及出现的一些问题进行分析，旨在更好地将二者融合，促进高校足球教学的发展。

一、自组织理论视角下高校足球教学的改革价值

（一）利于开放型足球教学模式的构建

随着我国足球走出了亚洲，国民对于足球的热情被进一步点燃，我国也提出了"全民足球"的概念。在这个大环境下，高校的足球教育也在进一步深化，开放式教育、动态的教育方式被更多地引入教学中。但这也暴露了一些问题，足球教育是以学生为主体的，但是不同的学生其基础素质不尽相同，技术高低存在差异，领悟快慢也有区别。而且足球是一个技术性很强的运动，在足球运动中要运用不同的战术来应对不同的情况。这就要求我们要调整以前的教学方法，发展新的更适合时代特点的理论，来进一步促进足球教学的发展。而自组织理论则提出发挥学生的主观能动性，自主进行知识结构的构建和技术的构建，从而解决实际教学中存在的个体差异问题。

（二）助推大学生创造力和创新思维能力的发展

高校的足球教育是素质教育的一部分。在运动中，可以更好地激发学生的创新能力和创造性。既然如此，在高校足球教学过程中，就不单单是停留在教授足球理论，死板地运用已有的技巧和战术。足球教学的目标应是调动学生的积极性和能动性，使其自主地去练习、去提升，并在不断练习过程中创造出更适合自己的战术和技巧，并且提高团队的合作意识，最终使得我国的足球水平达到一个新的高度。教学过程本身就是一个理论联系实际、从简单到复杂的过程。自组织理论与足球教学实践的结合，为教育目标的实现提供了一个可能的平台，能提高学生创造力和创新思维。

（三）提升体育课程改革理论与实践的契合度

自组织理论也并非足球教学的灵丹妙药，在运用理论的过程中也会有一些不适的问题出现。首先，要理论联系实际。不论多好的理论都要放到实践中去检验。同样，我们在应用自组织理论指导教学时，也要关注有无理论与实践相脱离的地方，避免形而上学的错误出现。其次，要持之以恒。任何理论对教学实践的改变都不是一蹴而就的，我们会面临一些挑战，如自组织理论对足球教师的个人能力要求很高，要能有效调动学生积极性。这就要求我们要有很高的个人魅力和管理艺术。所以我们不能遇到困难就放弃，要坚持到底。再次，要加强学生的自主管理能力。自组织教学理论要求学生有较高的自主管理能力。自组织理论强调学生的主体地位，但是我国学生的自主管理能力不强，会出现懒散的现象，我们要及时发现，加强学生自主管理的能力。

二、高校足球教学中自组织产生功效的理论基础

（一）自组织教学理念的评价和作用

自组织教学理论是相对于传统的教学理论而产生的新的理论。传统的教学理论，强调教师的主导地位，通过教师对教学过程的安排、控制，来将既定的教学目标传授给学生的过程，是一种固化思维。但现代的大学生自我意识很强，传统的教学模式已经不能完全满足目前的教学需要。而自组织教学理论引入了开放式思维，是以学生为主体，教师只是引导，激发他们的兴趣，让学生结合自身的特点去自主的探索。该理论可以更好地发挥学生的主体地位，更好地提升教学效果。自组织教学理论实质上是要建立一个复杂的自组织系统，而且这个系统是可以持续发展下去的。相比传统理论而言，将自组织教学理论应用到高校足球教学的实践中，可以扩大足球教育的视野，促进足球教学的有序发展。

（二）高校自组织足球教学的本质认识分析

高校的自组织足球教学同样也是建立在教育机制的框架之内的，只不过是其教学方法有所不同。自组织足球教学的本质是要创建"激情教学"，要在完成原有教学目标的基础上，在教学过程中帮助学生完成自组织体系的构建。其重点是培养学生的主观能动性，培养其自我发展的能力，发挥其创造力和创新能力。与此同时，教师也要不断地提升自我，给学生树立榜样，提高自身的足球教学水平，以胜任不断发展的教学活动。

三、自组织理论视角下高校足球教学的应用策略

（一）全面发挥教师的足球教学主动性

传统的足球教学中，学生缺乏兴趣，课堂上主要是教师的理论讲解和相应技术的训练。不利于教师将理论与实际相融合，对教学的内容容易流于形式，教学质量低，同样也限制了教师的能力发展。而自组织教学理论引入了开放思维，将教学的控制转移给了学生。在

学生自主学习的过程中，教师只需正确引导，互相探讨、共同进步。有利于教师真正地发挥其教育的职能，更加符合现代教育观。

（二）加大对学生创新与组织能力的培养

在自组织教学理论的指导之下，高校的足球教学不再是千篇一律的局面。在教学过程中，教师只需要讲解基本的知识，会留下更多的空间给学生，让其自主思考，发挥创造力，去自己解决问题。教师则通过发挥其教育职能，去引导、帮助学生克服困难，解决问题。在自组织教学过程中，学生才是教学的关键，占主体地位，其不再是被动地接受，让学生能感受到解决问题的成就感，有利于培养其创造力和创新的意识。

（三）规范足球教学等工作的组织方式

学生足球技能的提高是一个十分复杂的过程，由多种因素共同来决定。例如，学生的足球技术掌握的基础、身体状况、接受知识的快慢、理解能力、协调能力等。当然这些都是大家已经注意到的客观存在的个体差异。但这些差异并不足以决定一个学生足球技能的最终水平。起关键性作用的是学生的主观因素，如是否有学习积极性、是否能够坚持练习等。因为足球技能的提高，是离不开系统化的训练和练习的。但是由于存在个体差异，尽管教师也进行了规范化的指导和示范，效果也只是停留在表面。而自组织教学，激发了学生的积极性，学生会主动结合自身的水平，身体状况去进行适合自己的训练和练习，从而保证了学生在练习过程中可以持续进步，避免分化现象的出现，有利于基础差的学生建立自信心，使得学生的足球技能得到真正的提高。

（四）提升足球教学的系统化

足球教学的过程是一个教师和学生积极互动的过程，彼此之间要相互协调、相互促进。而足球技能的提高也是一个循序渐进的过程，只有基础技能掌握好，才能更好地运用高级的技能。这就决定了在足球的教学过程中，如果其中一环没有相互配合好，就会使后续的教学出现极大的问题，使教学活动不能顺利完成。而传统的足球教学过程，忽略了学生的关键作用，不能很好地协调教学过程中出现的问题，使得教学效果很差，效率低。自组织教学恰好弥补了传统教学的不足。它是由学生来推动教学过程发展的。学生自主地去练习，提高了对知识技能的掌握程度，也节省了教学的时间，提高了教学的效率。所以，自组织教学理论可以优化教学过程，促进足球教学系统发展进步。

素质教育并不是简单地让学生被动接受，而是要发掘学生的潜力，激发他的兴趣，让其自主探索。具体到高校的足球教育也是同样的目的。足球教学不是，也不可能是教师单方面灌输的一种教学过程。它必然要求学生的参与，要求学生的配合程度更高。只有建立有效的师生互动，激发学生运动的兴趣和对运动的热爱，才能确保足球教育的顺利进行，保证足球教育的良性发展，促进足球教学过程的不断优化，实现学生个人的全面发展。

第六节　问题导向在高校校园足球教学中的应用

国家为校园足球的发展提供了一系列的设施，这为高校体育教学提供了有力的保障，使校园足球的发展有章可循、有法可依。因此，校园足球的推广已经逐渐成为实践的重点。从问题导向在校园足球教学中应用的意义、问题导向教学在校园足球中的实践、问题导向教学的策略、问题导向在校园足球教学中运用的必要性四方面，研究高校校园足球运动的问题导向教学设计，以培养合格的应用型人才。

问题导向作为一种教学方法和手段，已逐渐应用于高校各科教学之中。问题导向教学能够有效增强大学生的批判思维和学习能力及解决问题的能力。在高校一些课程教学之中，问题导向作为重要的教学手段在教学设计中持续推行，但在校园足球教学中却很少运用到。问题导向的教学理论主要是建立在建构主义和情景教学之中，问题导向的教学方法强调突出经验与协作之间的重要性。在学习的过程中，问题导向教学方法认为经验具有重要的作用，问题是一个引子，主要是把学习相关的各个要素联系起来。在实际教学中，大学生的学习不仅仅是个人学习的过程，也要与其他人进行合作共享，这样才能更快更有效率地完成教学工作。在学习过程中，大学生通过对问题的主体和方法的运用，能获得学习的技能。问题导向的教学方法适合校园足球教学，在校园足球教学设计中应用这种教学方法可以提高队员之间的团结合作精神，加强足球中学习的经验。

一、问题导向在校园足球教学中应用的意义

问题导向的教学方法重视经验和协作性，注重大学生之间的互动，问题导向的特点符合足球教学设计的要求。在足球训练中，能够合理地为球员的认知提供情景。问题导向的教学关注大学生在训练中对突发情况的应变能力，对复杂多变的环境的有效反馈。采用问题导向教学方法可以提高大学生参与校园足球运动的积极性，在比赛中发挥积极的作用，锻炼大学生的思考能力，这些因素有助于校园足球的发展和球员的成长。而大学生通过足球比赛，也能够及时总结经验。问题导向教学借鉴了批判性思维、人际沟通的理论、合作方式、目标理论以及建构主义理论等多种成果，在校园足球教学中运用问题导向理论，可以对经验和技能的学习进行强化。同时，可以激发大学生对校园足球的学习动机，不断地扩展大学生学习知识的范围，提高大学生的各项知识能力和技能。教师通过应用问题导向的教学方法，结合自己的专业知识指导球员在学习环境中做出选择，进而促进球员之间的共同进步和发展。

二、问题导向教学在校园足球中的实践

（一）在教学模式上

校园足球在问题导向教学上，采用了共同执教的模式，这种模式在一定程度上借鉴了协同教学的教学理念。协同教学的含义是指由两名或者两名以上的教师对大学生进行教学，一般情况下，一名教师在课堂上起主导作用，引导大学生学习足球知识和技巧，另外的教师是起辅助的作用，与主导教师形成一种互补的关系，组成教学团队，两者的工作是相互协调、分工合作。在校园足球的教学中应用共同执教的模式，可以让大学生分工合作，进入问题导向的学习模式。共同执教的模式为大学生提供了进行周期性检查的机会。在教学和训练中，可以使用分析表，根据球员的表现进行相应的记录。同时，结合实际情况进行分析和调查，规定具体检查的项目。共同执教的模式可以使得球员像教练一样思考问题，提高球员的理解能力，有助于提高球员的技术水平及对战术的分析能力。问题导向在校园足球教学中的运用，提高了大学生的思考问题能力。

（二）在比赛中

在比赛之前需要对比赛的策略和战术做出分析和制定，让球员在比赛之前做好角色分工，分析进攻、防守的战略措施。在比赛之后，教师要发挥主导作用，引导大学生对比赛的结果进行分析和总结，并且提出比赛的优点和缺点及改进的意见。大学生应该制定近期的校园足球的发展目标。校园足球的场地小、比赛的人数较少，活动相对简单化，有利于锻炼球员之间的相互协作能力，提高球员的战术水平和技术水平。学校举行的校园足球比赛也比较容易组织，通过比赛能强化队员对比赛的理解程度。在校园足球比赛中可以运用问题导向的教学方法。大学生在比赛之前可制订一些计划和战略，在团体内部进行分工。教师应该充分发挥引导的作用，利用自己的权利，并结合比赛的实际情况暂停比赛。在中场休息时，教师可以向任意球员提出在球场上的问题，对球员进行评估和总结，并及时指导和提出相关的建议，然后再进行比赛。这种教学方式能使大学生的记忆更加深刻，把学习到的理论知识及时应用到实践中。所以，在比赛中运用问题导向的教学方法具有一定的积极意义。

（三）分析录像比赛

在校园足球教学中，很少观看录像比赛来分析，大部分的教学是理论知识结合实践。足球教师除了应该对大学生的教学和比赛进行相关的指导，还应该对比赛进行分析。在对比赛分析时，最好要有录像与其相配合。足球教师让相关的工作人员对大学生的比赛过程进行录像，然后通过对大学生比赛的录像进行分析，将比赛中遇到重要问题的镜头进行剪辑。在大学生进行足球比赛之后，向大学生播放录像，引起他们对比赛的回忆。教师针对之前总结的重点问题，向大学生提问，并且着重播放重要问题的片段，让大学生反复观看。

大学生可以进行小组讨论和分析，针对此类问题提出解决的方案和措施。然后，教师结合大学生的回答，通过录像剪辑的方式对球员的表现进行分析，再加上教师的讲解和学生对重点问题的思考，会对他们起到一定的积极作用。这种问题导向的教学还有待提高，可以让球员写相关的报告分析，教师对问题进行深入调研。同时，这种教学方法有利于知识建构，使球员对录像比赛有更明确的认识，能够更清楚地分析比赛中的优劣。而球员的个别表现不佳的状况，不适合群体讨论。

三、问题导向教学的策略

在校园足球中，通过问题导向教学能提高球员的分析能力和决策能力。在校园足球教学中，足球教师要发挥主导作用，积极引导大学生思考问题，锻炼大学生的思维能力和实践操作能力。足球教师应该提前做好课程准备，善于从学习中找出问题、提出问题，并且把问题的层次性整理清晰，形成一种完整的逻辑思维。问题导向教学的策略很重要，对于教师的要求很高，教师必须要掌握好分析方法，善于分析问题，并且具备解决问题的实践能力，具备专业的足球知识和丰富的实践经验。

教师要必须明确在何种情境下传球、控球，在比赛中灵活应用战术指导球员，并具备分析能力、评价球员的能力和分析比赛的状况，对队员提出合理的改进意见。教师提出的问题必须要具有开放性和逐渐深入的特点，让大学生能从这些问题中学到一些足球知识和技巧。教师在对这些问题进行分析时，应该避免是非问句的回答，引导大学生积极思考问题，不仅要提高足球技巧，还要提高大学生的综合素质。教师要具备分析问题的能力。比如，在足球比赛之后，教师可以对大学生提出一些问题，如在比赛中运用哪些战术、如何提高球队整体的水平等问题，引导大学生积极主动地思考问题。这样，一方面能提高大学生的足球知识水平和足球比赛的模式与原理，另一方面能提高大学生的思考能力和分析能力。教师在校园足球的教学中要根据大学生的能力，在提出问题方面遵循他们的身心发展规律，在内容上要具有一定的连续性，按照从易到难的程度提出。教师在提出问题之后，要积极引导大学生对问题进行思考，并给他们提供思考的思路。大学生对足球比赛的问题要进行批判性思考，并且提供有效的反馈。同时，教师要鼓励大学生积极地提出问题，集体讨论并解决大学生提出的问题，对大学生提出关于足球的问题保持开放性的态度。

教师在足球教学中运用的问题导向教学方法逐渐被大学生熟悉后，他们会对这种教学方式渐渐失去兴趣甚至产生厌烦的心理。因此，教师要把问题导向的教学方法加深难度，对提出的问题进行深化，让球员分析更加复杂的问题。比如，提出足球比赛中的战术原则，或者再提出比赛中队形的变换问题。教师提出的问题要从宏观的知识面进入微观的层面，抓住问题的细节进行分析。对细节问题的处理可以使得球员在足球比赛中更好地应对突发状况，他们在比赛中的进攻性会比较流畅，节奏感也更加强烈。在比赛结束后，通过足球的视频分析，促使球员对问题的认识更加深刻，从整体感知球队和个人的表现，并具备分析能力，提高自己的思维能力。

四、问题导向在校园足球教学中运用的必要性

在校园足球教学中运用问题导向的教学方式，对校园足球的发展具有一定的积极意义。足球运动是一种团体合作的运动，不是个人比赛，因此问题导向的教学模式适合团体运动的教学。开展校园足球活动不仅仅是为了培养大学生的足球意识，更重要的是要提高全体公民参与运动的积极性。在校园足球教学中运用问题导向的教学方式，可以有效地提高球员的积极思维和对问题的分析能力及发现问题、解决问题的能力。教师在校园足球的教学中不仅仅是专业技能的传道者，更是为大学生授业解惑的师者。因此，教师在教学中要积极营造学习足球的氛围，提高大学生参与校园足球运动的积极性和兴趣。针对大学生提出的关于足球的问题，教师要积极解答，并组织开展比赛活动，让他们在实践中学习知识，感受赛场的氛围。教师应该提出合理的问题，并且提出的问题要具有渐进性。同时，教师要积极引导大学生解决问题，并解答相关的问题。

在校园足球的教学中运用问题导向的教学方法，具有一定的积极意义。在校园足球的教学模式上采用的是共同执教的模式，在教学的过程一名教师负责教学，另一名教师负责协助教学。这种共同执教的模式有利于对球员进行培训，针对大学生在学习过程中出现的问题做好相关记录。这样，在比赛后或者学习后，大学生就能够客观地分析自身的能力。教师通过看比赛录像的方法，运用问题导向的分析方法对比赛进行分析，并且把重点问题的镜头进行剪辑，进而让大学生对这些问题有深刻的了解。教师要发挥引导作用，促使大学生对问题进行分析和讨论，这有利于提高大学生对问题的认知能力和分析能力。在校园足球的教学中运用问题导向的方法，必须要有一定的策略，这对教师的要求很高，教师必须提高本专业的知识和能力，善于从比赛和学习过程中发现问题、找到问题，积极引导大学生解决问题，提高大学生解决问题的能力。在平时的训练中，教师要注重问题的引导模式，在提出问题方面要遵循大学生的身心发展规律以及实践操作能力，提出的问题要遵循从易到难的原则，形成完整的逻辑思维，培养合格的应用型人才。

参考文献

[1] 刘浩，薛俊，赵勇．我国青少年足球运动现状及存在的问题 [J].北京体育大学学报，2007，3（3）：22-29.

[2] 杜建辉．以人为本的快乐体育新理念在高校足球教学中的应用 [J].福建师大福清分校学报，2007，7（5）：2-9.

[3] 李敬凯．关于高校足球训练教学创新的探讨 [J].科技风，2020（9）：77-78.

[4] 马永欣，殷家鸿．高校足球教学创新策略分析 [J].当代体育科技，2020，10（3）：146，148.

[5] 钟云越．高校足球教学中创新方法的实践研究 [J].当代体育科技，2019，9（6）：113-114.

[6] 唐超．新课标背景下高校足球教学的创新举措探究 [J].智库时代，2019（2）：236，238.

[7] 李强．合作教学模式在高校公共体育足球教学中的应用研究 [D].山西师范大学，2018.

[8] 王爱民．河北科技学院足球教学方法改革研究 [D].北京体育大学，2017（4）：25-27.

[9] 李尚胥．高校足球教学的现状分析与创新之路 [J].赤峰学院学报：自然版，2012（10）：130-132.

[10] 林燕华．高校足球教学的现状分析与创新之路 [J].文体用品与科技，2014（14）：144.

[11] 史贵名．高校足球教学的现状分析与创新之路 [J].黑龙江科学，2016，7（15）：88-89.

[12] 秦军．我国高校足球教学现状分析与改革对策 [J].衡水学院学报，2017，19（4）：34-36.

[13] 李君．对高校足球教学的现状分析及优化途径探究 [J].当代体育科技，2017，7（13）：56-58.

[14] 李卓，何伟黎．关于高校足球教育现状及其对策探讨 [J].当代体育科技，2017（35）：168-169.

[15] 兰宏伟．高校足球教学的现状分析与创新之路 [J].当代体育科技，2018，8（19）：

127，129.

[16] 韩喆权 . 足球游戏在高校公共体育必修课足球课中的应用研究 [D]. 河北师范大学，2018.

[17] 张利 . 足球游戏在高校足球教学中的应用策略探究 [J]. 赤峰学院学报（自然科学版），2016，32（12）.

[18] 李强 . 足球游戏在高校足球教学中的作用及运用措施 [J]. 河南农业，2016（18）.

[19] 陆瑶 . 特征、意义与策略:高校足球教学中足球游戏运用研究 [J]. 文体用品与科技，2016（08）.

[20] 吴宇翔 . 高校足球教学中运用足球游戏的必要性及实施策略研究 [J]. 当代体育科技，2018，8（08）.

[21] 柴健 . 高校足球教学中足球游戏的作用分析 [J]. 科技资讯，2018，16（18）.